C.H.BECK WISSEN

«Reconquista» ist ein schillernder Begriff. Er beschwört zunächst eine fast 700-jährige Geschichte von blutigen Kämpfen zwischen Christen und Muslimen auf der Iberischen Halbinsel herauf, die 1492 in der Eroberung des muslimischen Königreichs Granada durch die «Katholischen Könige» kulminierten. Nikolas Jaspert zeigt jedoch in dem vorliegenden Band, dass eine solche Sichtweise auf die Vorgänge zwischen 711 und 1492 zu einer unangemessenen Vereinfachung führt – das Signum dieser Zeitspanne war weit mehr als nur religiöse Feindschaft.

Ausgehend vom Ende des Westgotenreichs im Jahr 711 bietet der Autor nicht nur einen ebenso fundierten wie spannenden Überblick über die wichtigsten Königreiche und ihr wechselndes Kriegsglück, sondern lässt die «Reconquista» gleichsam als Epoche kulturellen Austauschs lebendig werden. So erzählt er von der ethnisch-religiösen Vielfalt in al-Andalus, christlich-muslimischen Bündnissen, interreligiöser Heiratspolitik, diplomatischen Beziehungen und Gefangenenfreikauf. Er geht in seiner durchwegs gut lesbaren Darstellung, die auch noch die jüngste Forschung berücksichtigt, Fragen nach, deren aktuelle Bezüge unübersehbar sind: Wie lebten Juden, Christen und Muslime unter der Herrschaft Andersgläubiger? War die «Reconquista» ein iberischer Kreuzzug? Gab es auch eine islamische «Reconquista»? Indem Nikolas Jaspert das spätere Fortleben dieses Kampfbegriffs als wirkmächtiges Narrativ in den amerikanischen Kolonien und im rhetorischen Arsenal neuer Rechtsextremer verfolgt, schlägt er den Bogen bis in unsere Zeit.

Nikolas Jaspert lehrt als Professor für Mittelalterliche Geschichte an der Universität Heidelberg. Ihn zeichnet vor allem seine Expertise im mediterranen und insbesondere iberischen Raum aus, wie seine zahlreichen Publikationen zu Themen wie den Kreuzzügen, Ritterorden, transkulturellen Beziehungen, Seeraub und dem Meer als Kommunikationsraum belegen.

Nikolas Jaspert

DIE RECONQUISTA

Christen und Muslime auf der Iberischen Halbinsel

711–1492

C.H.Beck

Mit 2 Karten
(© Peter Palm, Berlin)

Originalausgabe

www.chbeck.de
Satz: C.H.Beck.Media.Solutions, Nördlingen
Druck und Bindung: Druckerei C.H.Beck, Nördlingen
Reihengestaltung Umschlag: Uwe Göbel (Original 1995, mit Logo),
Marion Blomeyer (Überarbeitung 2018)
Umschlagabbildung: Miniatur aus *Cantigas de Santa Maria*
(‹Lieder für die heilige Maria›), Lied CLXXXVII, 13. Jahrhundert,
© Patrimonio Nacional, Madrid
Printed in Germany
ISBN 978 3 406 74007 7

myclimate

klimaneutral produziert
www.chbeck.de/nachhaltig

Inhalt

1. al-Andalus: Die Iberische Halbinsel kommt unter muslimische Herrschaft (711–1031)

Vom Ǧabal Ṭāriq (Gibraltar) bis zu den Pyrenäen

Im April 711 überquerte ein muslimischer, wahrscheinlich berberischer Heerführer namens Ṭāriq ibn Ziyād (gest. ca. 720) zusammen mit einer Streitmacht von einigen Tausend Reitern und Fußsoldaten die Meerenge, die Nordafrika von der Iberischen Halbinsel trennt. Damit griff er das Reich der Westgoten an. Der Ort, an dem Ṭāriq ibn Ziyād an Land ging, trägt noch heute seinen Namen, Gibraltar oder «Berg des Tariq» (arab. *Ǧabal Ṭāriq*). Kurze Zeit später wurde seine Armee von der Streitmacht des westgotischen Königs Roderich gestellt. In der Schlacht, die zwischen dem 19. und 23. Juli 711 am Fluss Guadalete (arab. Wādī Lakku) ausgefochten wurde, fiel König Roderich, und sein Heer erlitt eine vernichtende Niederlage. Das Westgotenreich, das seit dem Beginn des 6. Jahrhunderts die Iberische Halbinsel beherrscht und nachhaltig geprägt hatte, war besiegt.

Ṭāriq ibn Ziyād handelte nicht in eigener Sache. Er war von Mūsā ibn Nuṣayr (gest. 715) entsandt worden, der im Dienst der in Damaskus residierenden Kalifen aus dem Geschlecht der Umayyaden stand. Mūsā, als Gouverneur für die nordafrikanischen Gebiete zuständig, überquerte 712 persönlich zusammen mit seinen Söhnen und weiteren Kämpfern die Meerenge von Gibraltar. In den folgenden etwa acht Jahren unterwarf das vereinigte Heer alle christlichen Territorien der Iberischen Halbinsel bis an den Rand der Pyrenäen. Weitere umayyadische Heerführer konnten das islamische Herrschaftsgebiet sogar nach Südfrankreich ausdehnen, wurden jedoch in den Dreißigerjahren des 8. Jahrhunderts von den Franken über die Pyrenäen zurückgedrängt. Dieses Gebirge markierte fortan die Grenze zwischen dem christlichen, dem römisch-päpstlichen Kirchenritus folgenden «Lateineuropa» und den islamisch beherrschten Gebieten der Iberischen Halbinsel. Von den Muslimen wurde das ihnen unterstehende Territorium – vielleicht in Anlehnung an die Vandalen, die zu Beginn des 5. Jahrhunderts Südspanien beherrscht hatten – als «al-Andalus» bezeichnet.

Der fulminante Sieg der nordafrikanischen Invasoren im Frühjahr 711 und der rasche Zusammenbruch der westgotischen Herrschaft haben in der Geschichtswissenschaft immer wieder Fragen aufgeworfen: Wie konnte eine vergleichsweise kleine Streitmacht über das Heer des Westgotenreichs siegen? War dieses geschwächt, und wenn ja: wodurch?

Lateinische Quellen des 8. und arabische Texte des 9. Jahrhunderts, die von den Ereignissen berichten, liefern wenige Hintergrundinformationen. Im 13. Jahrhundert hingegen wusste ein christlicher Autor, Lucas von Tuy (gest. 1249), die vermeintlichen Schuldigen zu benennen: Juden seien es gewesen, welche den Eindringlingen in verräterischer Absicht die Königsstadt Toledo in die Hände gegeben hätten. Zwar wurden die jüdischen Gemeinden des Westgotenreichs in der Tat in den Jahren vor der muslimischen Eroberung massiv unterdrückt, doch liegen keine zeitgenössischen Hinweise vor, die auf eine Kollaboration deuten könnten, so verständlich diese auch gewesen sein möge. Eine andere Erklärung ist plausibler: Schon der anonyme Autor der sogenannten «Mozarabischen Chronik von 754» berichtet von inneren Streitigkeiten in der Führungsschicht des Westgotenreichs. Im Jahre 710 war König Witiza gestorben. Aus den Streitigkeiten um dessen Nachfolge ging der erwähnte Roderich als Sieger hervor, doch gab es auch eine Fraktion, welche die jungen Söhne des verstorbenen Königs favorisierte und aus diesem Grund von den Muslimen Nordafrikas Militärhilfe erbat. Arabische Quellen nennen auch einen geheimnisvollen, angeblich byzantinischen Grafen Julian, der die Verhandlungen mit Ṭāriq ibn Ziyād geführt und ihn zur Invasion eingeladen haben soll.

Die jüngere Geschichtsforschung hat eine Reihe weiterer Gründe für den muslimischen Erfolg ausgemacht: etwa den Schlachtentod König Roderichs, der das Reich führungslos zurückließ, oder die Inbesitznahme des Reichsschatzes durch die Muslime bei der Einnahme Toledos. Außerdem gingen die Eroberer geschickt vor: Sie sicherten lediglich vereinzelte städtische Vorposten militärisch und arrangierten sich gezielt mit lokalen Machthabern. Mit einigen Territorialherren schlossen sie Verträge, welche deren Herrschaft weitgehend intakt ließen, solange die muslimische Oberhoheit anerkannt wurde. Die Übereinkunft mit dem westgotischen Adeligen Theudemir (gest. ca. 743), der über ein ausgedehntes Gebiet an der südlichen Levanteküste um Orihuela gebot, illustriert dieses Vorgehen. Auf der Grundlage solcher Verträge konnten einzelne Familien insbesondere in den Städten ihre soziale Stellung behalten. Manche von ihnen konvertierten zum neuen Glauben und nahmen auch unter muslimischer Herrschaft Führungspositionen ein. Andere christliche Adelige zogen sich auf das Land zurück und gelangten erst nach mehreren Jahrzehnten zu einer Einigung mit den neuen Machthabern. Aus ihnen gingen teils einflussreiche, nunmehr islamisierte Geschlechter hervor wie etwa die wohl nach einem westgotischen Grafen Cassius benannten «Söhne des Qasī» (arab. Banū Qasī) im Nordosten der Iberischen Halbinsel.

Für die spätere, mittelalterliche Begründung der muslimischen Eroberung des 8. Jahrhunderts sollten sich indes nicht diese Verträge mit den Einheimischen als wirkmächtig erweisen, sondern vielmehr die Geschichten von Witiza und den jüdischen Verrätern. Sie wurden von Chronisten des hohen und späten Mittelalters aufgegriffen und dienten als Warnung davor, wie schnell sich das Glück wenden und ein Reich untergehen kann, wenn seine Einwohner uneins sind und sich versündigen. Allerdings dienten diese Narrative aber auch jenen christlichen Autoren des späteren Mittelalters als Argument, welche die Loyalität unterworfener Juden und Muslime infrage stellen sollten.

Ethnische und religiöse Vielfalt

Heutzutage wird der beispiellose Siegeszug des Islam im 7. und 8. Jahrhundert häufig unter dem Begriff der «islamischen Expansion» oder der «arabischen Expansion» gefasst. Doch ist das zutreffend? Wer genau waren die Männer, die 711 in der Schlacht am Guadalete kämpften und in der Folge die Iberische

Halbinsel unter islamische Herrschaft brachten? Bei genauerem Hinsehen wird deutlich, dass es sich weder um eine ethnisch noch religiös kohärente Streitmacht handelte und daher die vereinfachende Bezeichnung arabisch bzw. islamisch zumindest irreführend ist. Zum einen bildeten die sogenannten «Araber» – im engeren Sinne die Bewohner der arabischen Halbinsel, die wiederum zwischen Nord- und Südarabern zu scheiden sind – gar nicht die Mehrheit in der Armee der Invasoren, bestand doch das Aufgebot größtenteils aus unterworfenen und erst kurz zuvor zum Islam konvertierten Berbern, bei denen wiederum unterschiedliche Stämme zu unterscheiden sind (vor allem Ṣanhāǧa- und Zanāta-Berber). Zum anderen dürften keineswegs alle Krieger Muslime gewesen sein. Dazu war die Islamisierung des Maghreb zu Beginn des 8. Jahrhunderts noch nicht hinreichend fortgeschritten, und die neuen Herren zeigten ohnehin kein besonderes Interesse, die Unterworfenen zu missionieren. Dass die Eroberung aber von Beginn an im Zeichen des Islam erfolgte, belegen nicht nur die geschriebenen Texte, sondern auch die ersten Münzprägungen der Sieger.

Vor allem die ethnische Heterogenität der Eroberer, die noch anstieg, als zur Mitte des 8. Jahrhunderts infolge innerer Unruhen weitere muslimische Truppen aus Syrien nach al-Andalus kamen, sollte Folgen zeitigen. Zu dieser Vielfalt trugen außerdem die islamisierten Sklaven aus Mittel- und Ostmitteleuropa bei, die vor allem im 9. und 10. Jahrhundert in großen Mengen gekauft und ins Land gebracht wurden. Manche von ihnen wurden bei Hofe eingesetzt und erscheinen als sogenannte *Ṣaqāliba* (Slawen) in den arabischen Quellen.

Aus nord- und südarabischen, berberischen, syrischen und slawischen Muslimen sowie aus ehemaligen Christen und Juden setzte sich also die islamische Bevölkerung in al-Andalus zusammen. Die zum Islam übergetretenen Christen werden in den arabischen Quellen als *muwalladūn* (span. *muladíes*) bezeichnet. Mit der Zeit dürften diese Konvertierten und ihre Nachfahren die Mehrheit der muslimischen Gesellschaft ausgemacht haben.

Die Gründe für ihren Religionswechsel sind im Einzelfall

kaum zu greifen und ohnehin selten auf einen Faktor zu reduzieren. Neben denen, die aus religiöser Überzeugung den neuen Glauben annahmen, gab es andere, die sich Vorteile aus diesem Schritt versprachen. Im Islam genießen die nichtmuslimischen Angehörigen der Buchreligionen (arab. *ahl al-kitāb*) als sogenannte Dhimmis (arab. *ahl aḏ-ḏimma*) gewisse verbriefte Rechte. Diese wurden zwar oft situativ niedergelegt und angepasst, doch lassen sich einerseits einige grundlegende Privilegien benennen, welche Christen unter muslimischer Herrschaft beanspruchen konnten, andererseits aber auch Pflichten, denen sie nachkommen mussten, sowie Einschränkungen, denen sie unterlagen. Dazu gehörte etwa, dass es Dhimmis nicht gestattet war, ohne Erlaubnis Gotteshäuser zu bauen; sie hatten sich im öffentlichen Raum unauffällig zu benehmen und durften keinen Lärm verursachen – vor allem keine Geräusche, die auf ihre Religion hinwiesen. Sie waren zur Abgabe einer Kopfsteuer (arab. *ǧizya*) verpflichtet und mussten Muslimen gegenüber ihre Ehrerbietung erweisen. Im Gegenzug waren sie als Religionsgemeinschaft geduldet und es war ihnen erlaubt, ihren Glauben – allerdings diskret – auszuüben. Insofern genossen die Christen, aber auch die Juden, in al-Andalus eine eingeschränkte Religionsfreiheit innerhalb einer den Islam privilegierenden Religionshierarchie. Zugleich waren sie aber in sozialer Hinsicht diskriminiert und damit einer Form staatlichen und gesellschaftlichen Drucks unterworfen, die man als strukturelle Gewalt bezeichnen kann. Der wachsende Einfluss des mālikitischen Rechts und damit eine gewisse Normensystematisierung sind ebenfalls in Rechnung zu stellen. Anziehung und Zwang (sog. Pull- und Pushfaktoren) waren also gleichermaßen ursächlich dafür, dass mit der Zeit immer weniger Christen in al-Andalus lebten.

Allerdings blieben beachtliche jüdische und christliche Gruppen über Jahrhunderte hinweg ihrem Glauben treu. Sie übernahmen nicht die muslimische Religion, sehr wohl aber die arabische Sprache. Sie wurden also arabisiert, nicht jedoch islamisiert, und entwickelten damit kulturelle Eigenheiten, die sie von ihren Glaubensgenossen in christlich beherrschten Gebieten unterschieden. Die Christen unter muslimischer Herrschaft – die sogenannten Mozaraber (vom arab. *musta'rib* = Arabisierter) – entwickelten liturgische Besonderheiten und verfügten über eigene Bischöfe sowie eine eigene Kirchenstruktur, deren sichtbarer Kopf der Erzbischof von Toledo war.

Gegen ihre Arabisierung regte sich allerdings vereinzelt auch Widerstand. So kritisierten islamische Gelehrte die allzu große Nähe zwischen Christen und Muslimen, und christliche Kleriker wiederum mahnten ihre Glaubensgenossen zur Orthodoxie. In der Mitte des 9. Jahrhunderts entstand eine christliche Bewegung, die islamische Autoritäten bewusst provozierte und damit Repressionen herausforderte, die bis zur Hinrichtung einzelner Christen reichten. Diese in christlichen hagiographischen Texten als Märtyrer (von Córdoba) gefeierten Männer und Frauen wollten vermutlich ihren andalusischen Glaubensgenossen als Vorbilder dienen und diese von einer vollständigen Assimilierung an ihr muslimisches Umfeld abbringen. Oft aus höheren sozialen Schichten stammend, versuchten sie erfolglos, sich einer letztlich unaufhaltsamen Entwicklung entgegenzustellen. Andere wiederum wählten den Weg der Migration und zogen in den christlichen Norden.

Trotz dieser Beispiele für Gewalt und Unterdrückung seitens der Machthaber – auch die ersten antijüdischen Pogrome Europas im muslimischen Granada des Jahres 1066 ließen sich anführen – wies al-Andalus bis weit ins 12. Jahrhundert hinein eine beachtliche ethnische und religiöse Vielfalt auf. Denn neben den verschiedenen muslimischen Gruppen verblieben auch jüdische und christliche Gemeinden im Land. Mehr noch: Vor allem die Juden hatten ihr Auskommen und Möglichkeiten aufzusteigen, die ihnen anderswo in Europa verwehrt waren. Diese Jahrhunderte jüdischen Lebens auf der Iberischen Halbinsel unter muslimischer Herrschaft sind daher mit gewissem Recht als «goldenes Zeitalter» des iberischen Judentums bezeichnet worden.

Die wesentlichen konfliktträchtigen Spannungslinien im al-Andalus der Umayyadenzeit scheinen denn auch nicht zwischen den Religionsgemeinschaften, sondern zwischen ethnischen Gruppen verlaufen zu sein. Schon in den Dreißigerjahren des 8. Jahrhunderts brachen Streitigkeiten zwischen arabischen und berberischen Gruppen aus. Immer wieder sollte das Reich in der Folge durch bürgerkriegsähnliche Unruhen (arab. *fitna*, Plur. *fitan*) erschüttert werden, von den vielen kleineren Rebellionen ganz zu schweigen. Zwar entwickelte sich Córdoba im Verlauf des 9. und vor allem während des 10. Jahrhunderts zu einer schillernden Metropole und zur bevölkerungsreichsten Stadt Europas. Im Jahre 929 sagte sich der Emir von Córdoba sogar von der Zentralgewalt des sunnitischen Islam in Bagdad los und rief ein eigenes Kalifat aus, womit er in Konkurrenz zum Abbasidenkalifat in Bagdad und zum Fatimidenkalifat in Kairo den Anspruch erhob, das Oberhaupt der gesamten muslimischen Gemeinschaft (arab. *umma*) zu sein. Unter seiner und seiner Nachfolger Herrschaft stellte das Umayyadenkalifat von Córdoba im 10. Jahrhundert unzweifelhaft das herausragende kulturelle und politische Zentrum des westlichen Mittelmeerraums dar. Und dennoch war auch dieses Kalifat stets von zentrifugalen Kräften gekennzeichnet, welche die Herrschaft der Umayyaden immer wieder – etwa während der großen *fitan* in den letzten Jahrzehnten des 9. Jahrhunderts oder von 1009 bis 1031 – zu destabilisieren drohten.

Diese internen Konflikte schwächten die Macht der Emire des 9. und der Kalifen des 10. Jahrhunderts insbesondere an den Grenzen des Reiches und eröffneten an der Peripherie die Möglichkeit zur Bildung eigenständiger Herrschaften. Dies galt auch für die besonders abgelegenen Gebiete im äußersten Norden der Halbinsel, wo die Zentralgewalt in Córdoba nicht über die Mittel oder den Willen verfügte, ihre Herrschaft mit aller Konsequenz durchzusetzen. Dort, in den gebirgigen Randzonen des Reichs, lebten Christengemeinschaften, welche die muslimische Oberherrschaft entweder nie akzeptiert oder sehr schnell wieder abgeworfen hatten. Sie nutzten den Schutz der Berge, die Entfernung zur Machtzentrale und deren Schwächephasen dazu aus, Eroberungszüge zu unternehmen. In der historischen Rückschau sind diese militärischen Unternehmungen als Beginn eines Prozesses angesehen worden, der mit dem umstrittenen Begriff der «Reconquista» belegt wird.

2. Im Zeichen der Restauration (ca. 722–ca. 1035)

Reizbegriff «Reconquista»

Während in Deutschland die «Reconquista» als geschichtswissenschaftlicher Fachbegriff weitgehend wertneutral verwendet wird, ist er in der spanischsprachigen Welt mit vielen, oftmals negativen Bedeutungen aufgeladen. Vor allem in Spanien selbst – in geringerem Maße auch in Portugal – hat er in den letzten 200 Jahren verschiedentlich dazu gedient, aktuelle politische Ansprüche historisch zu legitimieren. «Reconquista» ist kein mittelalterlicher Begriff, sondern fand erstmals Ende des 18. Jahrhunderts Verwendung. Wirkmächtigkeit begann er zu Beginn des 19. Jahrhunderts nach der napoleonischen Invasion Spaniens zu entfalten. Die Erfahrung der Unterdrückung durch die französischen Invasoren und der erfolgreiche Freiheitskampf bildeten das zeitgenössische Fundament für eine neue Interpretation mittelalterlicher Kriege als Befreiungskriege.

Am folgenreichsten für die Wirkungsgeschichte des Begriffs «Reconquista» war der zwischen 1936 und 1939 blutig geführte, noch heute tief im kollektiven Bewusstsein verankerte Spanische Bürgerkrieg. Denn die Nationalisten unter General Francisco Franco Bahamonde (gest. 1975) erklärten ihren Aufstand zu einer christlichen Wiedereroberung Spaniens aus der Hand des Kommunismus, des Freimaurertums und des Judentums. Um ihren Putsch zu legitimieren, stellten sie ihn als einen Kreuzzug dar. Franco ließ sich dezidiert als Wiedereroberer (span. *reconquistador*) eines «heidnischen» Spanien feiern. Diese Inanspruchnahme war ein Grund dafür, dass sich die postfrankistische spanische, aber auch die portugiesische Forschung mit diesem Begriff, der so stark politisch aufgeladen und mit einer traumatischen Erfahrung der jüngeren Geschichte verknüpft war, schwertat.

Selbst in jüngsten politischen Debatten wird noch auf das

Konzept zurückgegriffen, um die jeweilige Position zu stärken. Die stets virulente, zu Beginn des 21. Jahrhunderts wieder aufgeflammte Diskussion um die Einheit Spaniens, die katalanische Unabhängigkeitsbewegung und der allenthalben feststellbare Aufschwung des Nationalgedankens in Europa werfen Fragen auf: Waren alle Teile Spaniens in gleichem Maße von der mittelalterlichen «Reconquista» geprägt? Sollte das moderne Katalonien wieder in einen straff zentralistisch organisierten Nationalstaat eingegliedert oder gar «zurückerobert» werden? Auch im radikalen islamischen Fundamentalismus wird das Konzept der «Reconquista», allerdings unter Vermeidung des Begriffs, aufgegriffen: Die Wortführer rufen unumwunden zu einer gewaltsamen Wiederherstellung des untergegangenen islamischen Kalifats auf spanischem Boden auf.

Diese neuen Instrumentalisierungen mehren nur ältere Vorbehalte gegen die Nutzung eines derart aufgeladenen Begriffs. Schon früh wurde angemerkt, es handele sich bei dem Terminus «Reconquista» um ein modernes Konzept, das den mittelalterlichen Menschen fremd gewesen sei. Im Übrigen suggeriere er einen dauerhaften Kriegszustand, obwohl es doch lange Perioden des Friedens oder sogar der Bündnisse zwischen Christen und Muslimen auf der Iberischen Halbinsel gab, wie noch gezeigt werden soll. Der spanische Philosoph José Ortega y Gasset (gest. 1955) formulierte diesbezüglich einprägsam: «Wie kann man etwas als Rückeroberung bezeichnen, was acht Jahrhunderte angedauert hat?» Ein weiterer Vorwurf lautete und lautet, mit dem Terminus «Reconquista» greife man zwar keinen mittelalterlichen Begriff auf, aber man benutze sehr wohl unreflektiert ein ideologisches, religiöses Konzept des Mittelalters. Kritische Historiker forderten deshalb einen Perspektivenwechsel von den Siegern zu den Besiegten und schlugen vor, lieber schlicht von Eroberung oder sogar von Aggression zu sprechen als den letztlich legitimierenden Begriff der Rückeroberung zu verwenden.

Es kommt hinzu, dass auch in der mediävistischen Geschichtsforschung die Nutzung des Begriffs «Reconquista» unscharf ist, kennzeichnet er doch gleich vier Sachverhalte: Erstens wird er dazu verwendet, eine aus der historischen Rückschau konstruierte Periode – den Zeitraum von der Schlacht von Covadonga ca. 722 bis zur Eroberung Granadas 1492 – zu umschreiben; zweitens bezeichnet er die militärischen Auseinandersetzungen zwischen Christen und Muslimen auf der Iberischen Halbinsel überhaupt; drittens benennt er die konkrete «Rückeroberung» einzelner Befestigungen oder Städte durch die Christen; seine vierte Verwendung in der Forschung ist schließlich am weitesten gefasst, wird doch damit die Wiederherstellung politischer, kirchlicher oder territorialer Ordnung durch mittelalterliche Christen bezeichnet.

Vor diesem Hintergrund ist zu fragen, ob man den Begriff der «Reconquista» überhaupt noch benutzen sollte. Trotz aller Vorbehalte wird er aber in diesem Buch verwendet. Zum einen deshalb, weil – wie wir noch sehen werden – zwar nicht der Begriff, wohl aber die Vorstellung einer Wiederherstellung christlicher Herrschaft über die Iberische Halbinsel auch im Mittelalter wirksam war. Zum anderen sind alternative Begrifflichkeiten noch weniger überzeugend. Der Terminus «Eroberung» (Conquista) zum Beispiel ist im Wissenschaftsdiskurs mittlerweile fest zur Kennzeichnung der europäischen Expansion in Südamerika eingeführt und damit besetzt. Außerdem würde der Begriff der Eroberung die Spezifika der iberischen Situation im europäischen Vergleich zu wenig zum Ausdruck bringen, die Ideologisierung des Krieges in diesem Raum verschweigen und eine Rückwirkung dieses Konzepts auf die zeitgenössischen Handlungsträger negieren. Auch der als Alternativvorschlag vorgebrachte Terminus der «Restauration» kann letztlich nicht überzeugen, versperrt er doch den Blick auf ein wesentliches Anliegen nicht weniger Akteure: eben jene blanke Eroberung. Schließlich haben sich weite Teile der Geschichtswissenschaft trotz aller Vorbehalte in Ermangelung einer überzeugenden Alternative mit dem komplizierten Terminus «Reconquista» abgefunden. Daher wird er auch in diesem Buch benutzt – allerdings stets in Anführungszeichen gesetzt, um seine Vielschichtigkeit und Umstrittenheit zum Ausdruck zu bringen.

Trotz dieser Einschränkung ist der Vorwurf nach wie vor nicht ausgeräumt, mit der Verwendung des Begriffs «Reconquista» die Sprache der Sieger zu sprechen. Nicht zuletzt aus diesem Grund soll im Folgenden ein besonderes Augenmerk auf Austauschprozesse zwischen Christen und Muslimen gelegt und die «Reconquista» auch als ein «transkulturelles» Phänomen begriffen werden. Transkulturelle Studien beschäftigen sich mit Verflechtungs- und Austauschprozessen, die sie nicht als Ausnahmesituation, sondern als Grundlage menschlicher Gesellschaften verstehen. Sie behandeln allerdings selten kriegerische Auseinandersetzungen, obwohl auch diese eine Form der Verflechtung zwischen Gesellschaften und Gruppen darstellen. Denn selbst die Konstruktion von Feindbildern gründet häufig auf Kenntnissen über ein zum Widersacher erklärtes Gegenüber und damit auf Wissensaustausch. In diesem Buch soll es daher nicht nur um Gewalt zwischen Christen und Muslimen, sondern auch um friedliche Formen des Austauschs zwischen ihnen gehen, wenngleich eine Darstellung über die «Reconquista» insbesondere die Spannungslagen und ihre Folgen in den Blick zu nehmen hat.

Das Königreich Asturien: «Neogotismus» und der Vorstoß in die Meseta

Wie der Auftakt zur muslimischen Eroberung der Iberischen Halbinsel wird auch der Beginn der «Reconquista» nach landläufiger Vorstellung durch eine Schlacht markiert: Ein christliches Aufgebot unter einem Heerführer namens Pelayo (gest. 737) besiegte um das Jahre 722 eine muslimische Armee. Die kriegerische Auseinandersetzung wurde in Covadonga ausgetragen, in dem heute als Picos de Europa bekannten Teil des Kantabrischen Gebirges im Norden Spaniens. Es handelte sich um die zweite Niederlage eines muslimischen Heeres seit der Vernichtung des Westgotenreichs (721 hatte bereits Eudo, Herzog von Aquitanien – gest. 735, einen Sieg über eine muslimische Armee errungen). Weder auf christlicher noch auf muslimischer Seite finden sich ausführlichere zeitgenössische Berichte über dieses Ereignis. Erst spätere, zu Beginn des 10. Jahrhunderts im nordspanischen Asturien am dortigen Königshof entstandene Chroniken schildern das Geschehen detailliert. Diese Texte stilisieren das Gefecht – es dürfte sich um das Aufeinandertreffen zweier kleinerer Kontingente gehandelt haben – aus der historischen Rückschau zu einem epochalen, göttlich gefügten Großereignis, bei dem angeblich 187000 Menschen auf dem Schlachtfeld oder auf der Flucht starben. Der Kampf habe sich in der Nähe eines Marienheiligtums zugetragen, und Gott selbst habe dafür gesorgt, dass die Christen gegen ihre Feinde die Oberhand behielten.

Hier und in anderen Werken der asturischen Hofchronistik jener Zeit wurden ältere, nur ansatzweise erkennbare Deutungsmuster des 8. und 9. Jahrhunderts aufgegriffen und wegweisend fortentwickelt. Zum einen handelte es sich um die Vorstellung, die Christen hätten in ihrem Kampf gegen die Muslime die Wiederherstellung des untergegangenen Westgotenreichs zum Ziel gehabt. Dieses Konzept wird in der Forschung als «Neogotismus» bezeichnet. Nachdem die christlichen Westgoten aus ihrer angestammten Heimat vertrieben worden seien, hätten sich ihre Nachkommen darum bemüht, dieses Land wiederzuerlangen. Daher wurden diese Christen, zum anderen, mit dem Volk Israel des Alten Testaments gleichgesetzt. Auch dieses musste seine Heimat aufgeben, erhielt sie aber schließlich dank göttlicher Fügung zurück – weil es von Gott so und nicht anders vorherbestimmt war. Es ist unmöglich zu bestimmen, wie stark diese beiden, wahrscheinlich von Klerikern entwickelten Vorstellungen tatsächlich auf zeitgenössische Akteure einwirkten. Aber unzweifelhaft erwies sich dieses um das Jahr 900 voll ausgeprägte Geschichtsbild für die spätere Geschichte der westlichen iberischen Reiche – aber keineswegs für alle christlichen Herrschaften – als außerordentlich wirkungsvoll. Denn durch den «Neogotismus» wurde aus Gebietseroberung Wiedereingliederung, aus Expansion Rekuperation.

Als zu Beginn des 10. Jahrhunderts in der Chronik König Alfons' III. von Asturien (gest. 910) über die Schlacht von Covadonga berichtet wurde, hatte sich die Situation der asturischen Christen im Vergleich zu der des 8. Jahrhunderts bereits stark verändert. So war nicht nur ein selbstbewusstes Königtum entstanden, das Kontakte zu anderen Höfen im christlichen Europa unterhielt, Klöster stiftete und in direkter Fortsetzung westgotischer Traditionen Paläste errichtete (vor allem in der seit dem Beginn des 9. Jahrhunderts ausgebauten Königsstadt Oviedo). Darüber hinaus hatte dieses Königreich Schwächeperioden des muslimischen Emirats von Córdoba zu seinen Gunsten zu nutzen verstanden. In der zweiten Hälfte des 8. Jahrhunderts gelang es den Asturern, die westlich und östlich angrenzenden Territorien von Galicien und Kantabrien einzunehmen. Rund ein Jahrhundert später wurde ihnen durch Rebellionen muslimischer Herrschaftsträger gegen die Zentralgewalt die Möglichkeit eröffnet, nach Süden vorzustoßen. Beutezüge nach al-Andalus hatten schon früher und über die Jahrhunderte immer wieder stattgefunden – 798 war sogar Lissabon von den Truppen Alfons II. (gest. 842) angegriffen worden. Doch nun wurden die eingenommenen Vorposten gehalten und damit systematisch erobert. In einer Reihe von militärischen Unternehmungen gelang es namentlich Alfons III., sein Herrschaftsgebiet in die Hochebene südlich des Duero auszudehnen. Die Eroberungen bzw. Wiederbesiedlungen von städtischen Siedlungen – León (ca. 853/6), Porto (868), Zamora (893), Simancas (899), Toro (900) u. a. m. – markieren diesen Prozess. Damit verwandelte sich das asturische Reich grundlegend: Es war nun nicht mehr nur ein Bergreich, das durch das Kantabrische Scheidegebirge vom zentraliberischen Hochland, der Meseta, getrennt war, sondern erstreckte sich zu beiden Seiten des Gebirges und öffnete sich dem Süden. Eine Reihe von Burgen sicherten das Tal des Duero und die östliche Grenze. Besonders folgenreich war die Einnahme der alten römischen Stadt *Legio* (benannt nach der römischen *Legio VII Gemina*), des heutigen León. Seit 914 verlagerten die asturischen Könige ihren Regierungsschwerpunkt zunehmend dorthin und nannten ihr Reich bald Königreich León.

Während des 10. Jahrhunderts, der Blütezeit des Kalifats von Córdoba, zeigte sich das Kriegsglück der Christen durchaus wechselhaft. Schwere Niederlagen leonesischer und navarresischer Truppen gegen die Muslime des Südens wie etwa das Debakel von Valdejunquera des Jahres 920 standen neben Siegen wie dem von Simancas im Jahre 939. Zwar gelang es christlichen Truppen im Verlauf des 10. Jahrhunderts, über den Duero vorzustoßen und jenseits des Flusses (lat. *estrema Durii*, span. *Extremadura*) vereinzelte Städte wie Salamanca oder Sepúlveda zu gründen. Doch waren diese Orte als Außenposten stark gefährdet. Sie wurden entweder von Personen besiedelt, die aus dem christlichen Norden kamen, oder von Mozarabern, die wieder unter christlicher Herrschaft leben, damit der privilegierten Religion angehören und ihre Religion frei ausüben wollten. Die Neuankömmlinge werden auch durch die wirtschaftlichen Möglichkeiten angezogen worden sein, die das wenig bewohnte Grenzgebiet Siedlern eröffnete.

Die Reiche des Nordens

Zur Mitte des 10. Jahrhunderts war das asturisch-leonesische Reich jedoch schon lange nicht mehr das einzige christliche Königreich auf der Iberischen Halbinsel. Insgesamt müssen für diese Zeit fünf christliche Reiche differenziert werden, die obendrein Prozesse der Abspaltung und Vereinigung durchmachten, was die Geschichte der Iberischen Halbinsel im Mittelalter zuweilen unübersichtlich macht. Im Folgenden sollen diese Herrschaften knapp (von Westen nach Osten) skizziert werden.

An der Südostflanke des Königreichs León löste sich zu dieser Zeit durch geschickte Anlehnung an andere Mächte, aber auch aufgrund militärischer Erfolge gegen die Muslime im Süden die Grafschaft Kastilien allmählich aus der Verfügungsgewalt der leonesischen Könige. Zur Mitte des 11. Jahrhunderts sollte sie sich endgültig als selbständiges Königreich Kastilien etabliert haben. Dabei schwankte das Verhältnis zu den muslimischen Nachbarn im Süden, aber auch zu den christlichen Nachbarn im Westen (León) und Osten (Navarra) zwischen Konkurrenz und Kooperation.

Östlich von Kastilien war bereits im Verlauf des 9. Jahrhunderts aus dem Zusammenspiel zwischen führenden christlichen Familien und örtlichen muslimischen bzw. islamisierten Machthabern eine Herrschaft entstanden, die zuerst als Königreich Pamplona bzw. Königreich von Nájera, bald aber als Königreich von Navarra bezeichnet werden sollte. Die Namensänderungen kennzeichnen nicht zuletzt die militärische Expansion dieses Königreichs, das sich 921 den bedeutenden Ort Nájera einverleibte. Der wesentliche Gegner auf muslimischer Seite war in den Jahrzehnten vor diesem Sieg nicht so sehr der entfernte Kalif von Córdoba als vielmehr das konkurrierende, zwischenzeitlich immer wieder mit den Navarreser Herrschern verbündete Geschlecht der Banū Qasī bzw. Banū Mūsā. Auf eine vom Christentum zum Islam konvertierte Adelsfamilie zurückgehend, beherrschte es an der Wende zum 10. Jahrhundert in nomineller Abhängigkeit von den Umayyadenherrschern in Córdoba ein beträchtliches Territorium im Osten der Iberischen Halbinsel, das in den arabischen Quellen als *ṯagr al-ʿAlā* («Obere Mark») bezeichnet wurde. Dessen bedeutendste Herrschaftszentren waren die Städte Tudela und Zaragoza. Die Banū Qasī bzw. Banū Mūsā sind ein typisches Beispiel für halbautonome Herrschaftsträger an den Außengrenzen des Umayyadenreiches: Die Herrscher aus diesem Geschlecht betrieben eine geschickte Schaukelpolitik zwischen ihren christlichen Nachbarn einerseits, mit denen sie sich mal verbündeten oder verheirateten, mal im Krieg lagen, und der Zentralgewalt in Córdoba andererseits, der sie mal Tribute zahlten und mal die Treue aufkündigten.

Der Niedergang der Banū Qasī in der ersten Hälfte des 10. Jahrhunderts bedeutete den endgültigen Aufstieg des navarresischen Königtums. In dieser Zeit wurden die Rioja und auch Gebiete jenseits des Ebros wie Nájera oder Calahorra den Muslimen abgenommen und die Oberherrschaft über die karolingische Grafschaft Aragon erlangt. Den Höhepunkt seiner Macht erlebte das Königreich unter König Sancho III., dem Großen (gest. 1035). Diesem gelang es, durch geschickte Heiratspolitik und gezielte Militärschläge die Grafschaft Kastilien und das Königreich León in sein Herrschaftsgefüge einzubinden. Damit entstand das erste christliche Großreich nach dem Ende der Westgotenzeit. Es umfasste sogar einige östlich an Navarra angrenzende Pyrenäengrafschaften.

Zwei der den Nordosten der Halbinsel prägenden Grafschaften – das Königreich Aragon und die Grafschaft Barcelona –

entwickelten sich im Laufe des 11. Jahrhunderts allmählich zu Hegemonialmächten. Ähnlich dem Königreich Asturien entstanden sie im Schutz eines Gebirges, in diesem Fall der Pyrenäen. Die Grafschaft Aragon befand sich lange in Abhängigkeit vom Königreich Navarra, doch nach dem Tod König Sanchos III. im Jahre 1035 etablierte sie sich als selbstständiges Königreich, das 1068 vom Papst anerkannt wurde und dessen Herrscher sich ab 1069 «von Gottes Gnaden König von Aragon» nannte.

Im äußersten Nordosten der Iberischen Halbinsel wiederum, im heutigen Katalonien, entstand zu Beginn des 9. Jahrhunderts eine ganze Reihe von Grafschaften, welche die südlichste Grenze des Karolingerreichs bildeten. Sie waren infolge einer Expedition des Jahres 801 unter Führung Ludwigs (gest. 840), des Sohns Karls des Großen (gest. 814), eingerichtet worden und sicherten das Pyrenäengebirge als eine der Reichsgrenzen. Wenige Kilometer südlich von Barcelona befand sich die nach Westen parallel zu den Pyrenäen verlaufende Grenze zwischen den karolingischen Grafschaften und dem muslimisch beherrschten al-Andalus – oder der *Hispania*, wie es christliche Quellen jener Zeit nannten. Dies sollte bis zur Jahrtausendwende so bleiben, wobei beide Seiten gelegentlich Vorstöße unternahmen. In den Jahren 856 und 987 zum Beispiel wurde Barcelona von muslimischen Truppen geplündert. Die Franken unternahmen ihrerseits militärische Expeditionen gegen die muslimischen Städte Ṭurṭūxa und Tarraqūna (Tortosa und Tarragona) oder sogar bis in das Kerngebiet des Kalifats wie beispielsweise eine gemeinsam von den Grafen von Barcelona, Urgell und Besalú, sowie örtlichen Bischöfen durchgeführte Expedition gegen Córdoba im Jahr 1010.

Diplomatie und interreligiöse Heiratspolitik

Auch wenn die christlich beherrschten Territorien von der Mitte des 7. bis zur Mitte des 11. Jahrhunderts in der Tendenz expandierten, kann keineswegs von einer generellen Rückeroberungspolitik gesprochen werden. Einige dieser Gebilde waren nominell ohnehin von anderen abhängig: die katalanischen Grafschaften zum Beispiel vom Karolingerreich, die Grafschaften Kastilien und Aragon zwischenzeitlich vom Königreich León bzw. Navarra. Außerdem waren die christlichen Reiche keineswegs vollständig unabhängig von muslimischen Mächten. Aufschlussreich sind in diesem Zusammenhang Berichte über Besuche, die der umayyadische Kalif in Córdoba von seinen christlichen Nachbarn erhielt. So erschienen während jener Zeit regelmäßig Gesandte der christlichen Herrschaften auf der Iberischen Halbinsel als Bittsteller oder Tributpflichtige an seinem Hof. Denn die meisten christlichen Herrschaften der Iberischen Halbinsel befanden sich während jener Zeit immer wieder und für lange Perioden in einem untergeordneten Verhältnis zum Umayyaden-Emirat bzw. -Kalifat von Córdoba. Diese Stellung wurde nicht nur durch Tributzahlungen zum Ausdruck gebracht, wie sie zwischenzeitlich auch das Königreich Asturien entrichtete, sondern auch dadurch, dass christliche Herrscher ihre Kinder als Geiseln nach al-Andalus schickten oder ihre Töchter mit dem Emir bzw. Kalifen verheirateten.

Der berühmte asturische König Alfons III. zum Beispiel schickte seinen Sohn an den Hof der Banū Qasī, der erste König von Pamplona entsandte seinen Sprössling an den Umayyadenhof, und dieser Prinz sollte später wiederum seine Tochter dorthin verheiraten. Solche nach al-Andalus geschickten Prinzessinnen wurden Teil des Harems, und manche von ihnen erlangten einflussreiche Positionen bei Hof und gebaren sogar Thronfolger. ʿAbd ar-Raḥmān III. (gest. 961), der erste Kalif der andalusischen Umayyaden, entstammte in zweiter Generation einer solchen transreligiösen Verbindung, und sein Nachfolger al-Ḥakam II. (gest. 976) war der Sohn einer Christin. Subḥ, die Mutter von Hishām, der auf al-Ḥakam folgte, stammte aus Navarra oder dem Baskenland und war darüber hinaus wesentlich für die Karriere des bedeutendsten Generals in der Geschichte von al-Andalus, Almansor (gest. 1002), verantwortlich.

Abū ʿĀmir Muḥammad ibn ʿAbd Allāh b. Abī ʿĀmir, besser bekannt als Almanzur oder Almansor, stieg in Subḥs Dienst zum Beschützer des Prinzen und späteren Kalifen Hishām II. (gest. 1013) auf und war faktisch von 978 bis zu seinem Tod im

Jahre 1002 Alleinherrscher des Umayyadenreiches. Seine Regierungszeit ist für die Geschichte christlich-muslimischer Konflikte auf der Iberischen Halbinsel besonders relevant, weil er seit 977 mindestens 50 militärische Expeditionen gegen unterschiedliche christliche Reiche des Nordens unternahm. Die allermeisten dieser Kriegszüge waren aus muslimischer Sicht erfolgreich, weshalb er als «Geißel der Christen» in die Geschichte eingegangen ist. Keine Stadt, keine Region war vor den Angriffen seiner ganz wesentlich aus berberischen Söldnern bestehenden Heere sicher. Die Attacken richteten sich sowohl gegen Galicien, León und Kastilien als auch gegen Navarra und die katalanischen Grafschaften. Die Städte Astorga, Zamora und Pamplona wurden viermal angegriffen, León sogar fünfmal. Besonders berühmt und folgenreich waren seine Razzien gegen Barcelona im Jahr 985 und gegen Santiago de Compostela im Jahr 997: Die Niederlage des Grafen von Barcelona und vor allem die Enttäuschung über die mangelnde Unterstützung des westfränkischen Königs sollten die Loslösung der katalanischen Grafschaften aus dem fränkischen Reichsverband beschleunigen. Als ein beachtlicher Propagandacoup wiederum kann die Plünderung der Apostelkirche von Compostela bezeichnet werden. Der siegreiche Almansor ließ nämlich besiegte Christen öffentlichkeitswirksam die Glocken des Gotteshauses von Santiago bis nach Córdoba tragen.

So sehr der General die Macht des Kalifats stabilisierte und es gegenüber den christlichen Territorien sicherte, so sehr stürzte sein Verscheiden im August 1002 – er starb eines natürlichen Todes – das Reich in eine tiefe Krise. Seinem Sohn und Nachfolger (auch dieser Spross einer Verbindung mit einer christlichen Prinzessin aus Navarra) gelang es nicht, die Herrschaft dauerhaft zu sichern. Das Reich wurde von Nachfolgekämpfen erschüttert, die sich über drei Jahrzehnte hinzogen. Nur vor dem Hintergrund dieses Machtvakuums nach dem Tod Almansors ist der oben beschriebene zeitgleiche Aufstieg Sanchos III. von Navarra und die Vereinigung christlicher Territorien unter seiner Herrschaft zu verstehen.

Aus dem einst mächtigen Umayyadenreich gingen nun über

30 kleinere Herrschaften, die sogenannten Taifenreiche hervor (von arab. *ṭāʾifa* = Partei). Einige von ihnen wie beispielsweise die Taifen (arab. *ṭawāʾif*) von Zaragoza, Toledo, Badajoz, Sevilla oder Granada entwickelten sich zu bedeutenden Wirtschafts- und Kulturzentren, auch wenn ihre militärische Macht begrenzt war und sie oft miteinander im Streit lagen. Erst in jüngerer Zeit hat die Forschung begonnen, diese Kleinherrschaften nicht mehr als defizitäre Übergangserscheinungen zwischen dem Ende des Kalifats und dem Aufstieg neuer Großreiche anzusehen.

Es kann als ein Zufall angesehen werden, dass fast zeitgleich mit der endgültigen Auflösung des Kalifats im Jahre 1031 auch im christlichen Norden die hegemoniale Herrschaft Sanchos III. zerbrach. Nach dem Tod des Königs im Jahre 1035 wurde sein Herrschaftsgebiet unter seinen Söhnen aufgeteilt. Dadurch rückten León, Navarra und Aragon wieder zu eigenständigen Reichen auf, die von Königen regiert wurden und sich untereinander phasenweise – den Taifenreichen im Grunde nicht unähnlich – auf das Heftigste bekämpften.

Im 12. Jahrhundert schlossen sich einige dieser christlichen Reiche zusammen, womit neue, eigenständige Territorien entstanden: Die Königreiche León und Kastilien waren in dieser Zeit mal vereinigt, mal getrennt, bis sie im Jahr 1230 endgültig unter Wahrung ihrer angestammten Rechte geeint wurden. Das Königreich Aragon und die Grafschaft Barcelona wiederum gingen eine Konföderation ein, die als «Krone Aragon» bezeichnet wird und sukzessive die verbliebenen Pyrenäen-Grafschaften integrierte. Im äußersten Westen schließlich sagte sich die Grafschaft Portugal vom Königreich León los und entwickelte sich zur Mitte des 12. Jahrhunderts zu einem selbständigen, 1179 von den Päpsten anerkannten Königreich. Fortan sollten diese vier Mächte – Portugal, Kastilien-León, Navarra und die Krone Aragon – mal in Kooperation, mal im Konflikt miteinander das Herrschaftsgefüge im christlichen Norden bestimmen.

3. Die Taifenreiche und ihre christlichen Nachbarn (1031–1085)

Tribute und Bündnisse

Die rund 50 Jahre andauernde Geschichte der Taifenreiche ist hochgradig komplex, weil diese immer wieder untereinander in Konflikt gerieten, Bündnisse miteinander schlossen und Herrscherwechsel durchliefen. Einige von ihnen konnten in dieser Zeit durchaus expandieren und zu überregionalen Größen aufsteigen. Dazu gehörten zum Beispiel die ʿAbbādiden in Sevilla, vor allem unter Abū ʿl-Qāsim (gest. 1042) und dessen Sohn al Muʿtadid (gest. 1069), oder Toledo unter den Ziriden, wo die jüdische Familie der Naghrela (Ismaʿīl / Salomon ibn Naghrela (gest. 1055/56) und sein Sohn Yusuf (gest. 1066)) zu einflussreichen Beratern aufstieg. Ebenfalls zu nennen ist die Herrschaft der «Söhne des Hud» (arab. Banū Hūd) über Zaragoza, insbesondere unter Aḥmad al-Muqtadir (gest. 1082). Einige dieser kleinen Reiche entwickelten sich zu anerkannten kulturellen Zentren. Der Toledaner Rechtsgelehrte und Wissenschaftshistoriker Sāʿid ibn Sāʿid (genannt Ṣāʿid al-Andalusī, gest. 1070) formulierte treffend, dass Sevilla das «Königreich der Poesie», Toledo das «Königreich der Wissenschaften» und Zaragoza das «Königreich der Philosophie» sei. Wie die Umayyaden vor ihnen zeigten auch viele Taifenherrscher großes Interesse an Medizin und Philosophie, an Mathematik und Geometrie, an Astrologie und Astronomie. Über ihre Höfe sollten grundlegende Kenntnisse der antiken und der arabisch-muslimischen Kultur ihren Weg in das mittelalterliche Lateineuropa finden.

Wesentlich für die hier im Vordergrund stehenden Konkurrenzverhältnisse zwischen christlichen und muslimischen Herrschaften ist die Tatsache, dass die Taifenreiche dazu übergingen, sich Ruhe vor Angriffen aus dem Norden mit barer Münze zu erkaufen. Diese Tribute, die sogenannten *parias* (von Mittellatein *pariare* = zahlen), prägen die gesamte Taifenzeit. Wer nicht zahlte, dessen Ländereien wurden geplündert. So ist die Epoche der Taifen weniger durch offene Feldschlachten und planmäßige Eroberungen als durch Plünderungszüge gekennzeichnet. Vor allem Ferdinand I. von León-Kastilien (gest. 1065) machte davon Gebrauch, indem er von 1050 bis 1060 die größeren muslimischen Taifenreiche von Zaragoza, Toledo und Badajoz mit seinen Streifzügen heimsuchte und sie dadurch zu Tributzahlungen zwang. Im Osten war es Graf Raimund Berengar I. von Barcelona (gest. 1076), der die Herrscher von Zaragoza und Lleida zu Abgaben nötigte. Die *parias* stellten einen dauerhaften wirtschaftlichen Aderlass für die muslimischen Herrschaften dar und trugen wesentlich zu ihrer Schwächung bei.

Dass dieses Vorgehen System hatte und durchaus in ein größeres Geschichtskonzept eingefügt werden kann, zeigen die Erinnerungen des letzten ziridischen Herrschers von Granada ʿAbd Allāh ibn Buluġġīn (gest. 1090). Er berichtet von einem Besuch des christlichen Unterhändlers Sesnando Davides (gest. ca. 1091), der das Vorgehen seiner Glaubensbrüder folgendermaßen beschrieb: «al-Andalus gehörte ursprünglich den Christen. Sie wurden von den Arabern besiegt und in das unwirtliche Galicien vertrieben. Jetzt aber, wo sie stark und dazu fähig sind, möchten sie das zurückerlangen, was sie durch Gewalt verloren haben. Sie können dies nur erreichen, indem sie Euch im Laufe der Zeit immer weiter schwächen, so dass wir, wenn Ihr weder Geld noch Soldaten habt, das Land ohne Anstrengung einnehmen können.»

Am meisten profitierten die Herrscher Leóns von dem System der *parias*. Es flossen große Mengen Goldes in den christlichen Norden der Iberischen Halbinsel und von dort weiter nach Lateineuropa. Bezeichnend und aufschlussreich ist die um das Jahr 1063 getätigte Zusage Ferdinands I. von León-Kastilien an das Kloster von Cluny in Burgund, alljährlich die sagenhafte Summe von 1000 Goldmünzen als *census* zu entrichten. Sein Sohn Alfons VI. (gest. 1109) sollte diese Summe 1077 sogar verdoppeln. Dank der *parias* konnten sich die iberischen Herrscher solche Zuwendungen leisten.

Zugleich führten die Auseinandersetzungen zwischen den Taifenreichen dazu, dass sich wiederholt muslimische Herrscher an ihre christlichen Nachbarn aus dem Norden mit Bitten um militärische Unterstützung wandten. Zahllos sind in jenen Jahrzehnten die Beispiele für die christliche Militärunterstützung muslimischer Machthaber. Dabei konnte es durchaus vorkommen, dass christliche Truppen in muslimischen Diensten gegeneinander kämpften. In der Schlacht von Cabra (1079) zum Beispiel standen sich jeweils zwei kastilisch-leonesische Kontingente gegenüber: das eine im Dienste Sevillas unter der Führung von Rodrigo Díaz de Vivar (des Cid, gest. 1099), das andere unter dessen Widersacher García Ordoñez (gest. 1108) auf Seiten des Herrn von Granada. In der Regel kämpften allerdings die Christen im Dienst muslimischer Herrscher gegen Muslime. Der ehemalige Poet Muḥammad ibn ʿAmmār (gest. 1086) versuchte um das Jahr 1078, mit Unterstützung Graf Raimund Berengars II. von Barcelona (gest. 1082) die Taifa von Murcia zu erobern, und in seinen Auseinandersetzungen mit Zaragoza forderte das Taifenreich von Toledo die Unterstützung Ferdinands I. von León-Kastilien (die er verweigerte) und des Königs von Navarra. Die Beispiele ließen sich vermehren.

Die punktuelle militärische Zusammenarbeit konnte auch zu längeren Aufenthalten christlicher Adliger an muslimischen Höfen führen, was mitunter nicht ohne Konsequenzen blieb. Im Jahre 1072 bot der Herrscher des Taifenreiches von Toledo, al-Ma'mun (gest. 1075), dem Sohn König Ferdinands I., Alfons, kurzzeitig Schutz, als dieser in einem Bruderkrieg zu unterliegen drohte. Die Kenntnisse, die er dabei über die alte westgotische Königsstadt erwarb, sollten dem Prinzen später von Nutzen sein: Nachdem er – als Alfons VI. – den kastilischen Thron bestiegen hatte, boten ihm die Eliten Toledos aufgrund interner Konflikte die Herrschaft über die Stadt an. Sie wurde am 25. Mai 1085 ohne Blutvergießen eingenommen. Toledo war die demographisch, wirtschaftlich, kulturell und politisch bedeutendste muslimische Stadt der Iberischen Halbinsel, die im 11. Jahrhundert unter christliche Herrschaft fiel. Auch das gesamte Umland Toledos kam nun unter die Herrschaft Alfons' VI., der die Grenze zwischen seinem Königreich und der Nordgrenze von al-Andalus um 200 Kilometer nach Süden verschieben konnte. Um die Stadt kampflos einnehmen zu können, zeigte der König gegenüber den muslimischen Einwohnern Entgegenkommen: Er sicherte ihnen zu, ihre Religion frei ausüben, nach eigenen Gesetzen leben und die große Moschee weiterhin als ihr Kultzentrum nutzen zu dürfen. Trotz dieser Zusagen verließen die meisten muslimischen Gelehrten die Stadt, und in der Tat wurden die Versprechen sehr bald gebrochen: Die Moschee wurde auf Betreiben der Königin Konstanze (von Burgund, gest. 1093) und des neuen Erzbischofs, des Cluniazensers Bernhard von Sédirac (gest. 1125), in eine Kirche umgewandelt. Dieses Vorgehen sowie die massive militärische Expansion der Christen aus dem Norden sollten nicht folgenlos bleiben.

Religiöse Aufladung

Im Jahre 1046 wurde in der Stadt Calahorra, die kurz zuvor von den Christen unter Führung König Garcías III. von Navarra (gest. 1054) erobert worden war, eine neue Bischofskirche geweiht. Der Text der Urkunde ist wegen seines Wortlauts interessant, weil darin das Bild einer Zeitenwende abgerufen wird: Die Christen hätten einstmals aufgrund ihrer Sündhaftigkeit das gelobte Land verloren, doch nun werde diese Kirche – nach Ablauf der vorgegebenen Zeit unter der Herrschaft «unfrommer Heiden» – wieder ihrer ursprünglichen Bestimmung zurückgegeben.

Was hier auffällt, ist die stark religiös aufgeladene Sprache des wahrscheinlich klerikalen Urkundenschreibers. Das Dokument von 1046 stand keineswegs allein. In der zweiten Hälfte des 11. Jahrhunderts mehrt sich die Zahl der Texte, welche einem auffällig ähnlichen Deutungsschema folgen. Dieses lässt sich als «providentialistisch» bezeichnen, weil es historische Ereignisse als Ergebnis eines langfristigen göttlichen Plans darstellt. Die providentialistischen Urkunden des 11. Jahrhunderts flechten die Wiederherstellung (lat. *restauratio*) kirchlicher Strukturen infolge christlicher Eroberungen in eine historische Erzählung ein, die Jahrhunderte zurückreicht. Sie lassen die Zeit der muslimischen Eroberung des 8. Jahrhunderts mit ihrer jeweiligen Gegenwart zusammenfallen und erklären die dazwischen liegende Geschichte zu einer nunmehr überwundenen Phase. Betrachten wir einige Beispiele.

1059 wurde die Neuweihe der Kathedrale von Palencia mit einer historischen Erzählung eingeleitet, der zufolge ein frommer König (Ferdinand I., gest. 1065) nach mehr als dreihundertjähriger Verwüstung infolge der muslimischen Eroberung die christliche Kirche der Stadt wiederherstellt. Fast zeitgleich (1058) wurde im katalanischen Barcelona in ähnlicher Weise, jedoch vor dem Hintergrund des Karolingerreichs argumentiert: Nachdem König Ludwig der Fromme die Muslime vertrieben und Barcelona befreit habe, hätten diese zwar zwischenzeitlich die Stadt wieder eingenommen und zerstört. Nun aber sei sie nicht nur wiedererobert worden, sondern stehe unter dem Schutz des Grafen Raimund Berengar II. (gest. 1082), eines wahren Verteidigers und Beschützers des christlichen Volkes. 1086 wiederum hieß es in der Urkunde zur Neuweihe der Kathedrale von Toledo, dass nach 376 Jahren muslimischer Herrschaft König Alfons die Stadt, in der seine Vorfahren einst regiert hatten, unter der Leitung des Herrn wieder dem christlichen Glauben zuführe. Und in der Kirchweihurkunde für das aragonesische Huesca von 1097 stand geschrieben, 460 Jahre sei das Land muslimisch beherrscht gewesen, nun falle es an die Christen zurück. Ein Jahr später wurde in Valencia Rodrigo Díaz de Vivar, der Cid Campeador (Rudericus Campidoctor, gest. 1099), als Rächer der Diener Gottes und Verbreiter des christlichen Glaubens gefeiert, der die 400 Jahre zuvor «unter dem grausamen Schwert der Söhne Hagars» gefallene Stadt erobert habe und die Moschee nun in eine Kirche verwandle.

Diese Texte sind durch vier wiederkehrende Merkmale gekennzeichnet: 1) Wiederholt wird die muslimische Eroberung des 8. Jahrhunderts auf die Strafe Gottes an den sündhaften Christen zurückgeführt. 2) Der Herrschaftsverlust wird immer wieder zum Beginn einer mehrere Jahrhunderte andauernden Phase der Unterdrückung und Zerstörung erklärt. 3) Häufig bringen die Autoren die Vorstellung einer unumgänglichen, gottgewollten historischen Zeitenwende zum Ausdruck, die nun die Wiedererlangung christlicher Territorien zur Folge habe. Bezeichnenderweise wurden gegen Ende des 11. Jahrhunderts in königsnahen Urkunden immer häufiger Verfügungen nicht mehr für den Fall getroffen (lat. *si*), dass Gebiete wieder an die Christen fallen sollten, sondern vielmehr für die Zeit, wenn (lat. *quando*) dies geschehe. 4) Schließlich fällt die aggressive und abwertende Darstellung der Muslime ins Auge. Sie werden als «grausame Kinder Hagars», als Errichter eines blutigen Reiches, als «gottlose, unheilvolle Heiden» u. a. m. verunglimpft. Ehemals christliche Städte und hier insbesondere die Kirchen seien durch die muslimische Herrschaft verunreinigt worden. Diese Vorstellung schlug sich denn auch in praktischem Handeln nieder. Nur so lässt sich erklären, dass nach christlichen Eroberungen muslimischer Städte die Umwandlung von Moscheen in Kirchen öffentlich als Reinigungsritual vollzogen wurde.

Schon im Zeichen der neogotischen Wiederherstellungsrhetorik des 10. Jahrhunderts war die Wiedererrichtung des Westgotenreichs oder zumindest die oftmals als Befreiung (lat. *liberatio*) bezeichnete Wiederherstellung kirchlicher Einrichtungen auch als Gottes Wille angekündigt worden. Doch zu jener Zeit wurden die muslimischen Gegner kaum religiös konturiert. Nun aber setzte eine religiöse Aufladung der Eroberung ein. Als Grund für den Kampf gegen die Muslime, die nun eindeutig aufgrund ihres Glaubens eine Herabsetzung erfuhren, wurde nun weitaus häufiger die Ausbreitung des Christentums (lat. *dilatatio christianitatis*) ins Feld geführt. Der Kampf gegen sie erschien nun als ein nicht nur von Gott gutgeheißener, sondern von ihm regelrecht befohlener Krieg, nicht nur als ein heiliger, sondern als ein Gotteskrieg.

Dieser aus den Urkunden gewonnene Befund wird durch erzählende Quellen bestätigt, etwa durch Chroniken des 12. Jahrhunderts aus Kastilien und León (z. B. die *Historia Compostellana*, die *Historia Silense*, die *Chronica Adefonsi Imperatoris*, die *Chronica Naierensis* etc.), aber auch aus Portugal (beispielsweise in den als *Annales Portugalenses Veteres* bekannten Texten). Auch Heiligengeschichten stützen dieses Bild. Spielten in ihnen bis ins 11. Jahrhundert die Muslime so gut wie gar keine Rolle, so treten diese seitdem in deutlicher Absicht als unterdrückende Feinde in Erscheinung: In der Vita des Heiligen Oleguer von Barcelona (gest. 1137) wird erzählt, dass dieser Reisen bis nach Italien unternahm, um Unterstützung im Kampf gegen die Muslime zu gewinnen; die Passionsgeschichte der Heiligen Nunilón und Alodia enthält Polemiken gegen Muslime und ihren Glauben; der Heilige Martin von Soure wird von Muslimen gefangengenommen und in die Sklaverei verkauft, in der er verstirbt; der Heilige Domingo de Silos (gest. 1073) befreit durch Wunder Christen aus muslimischer Gefangenschaft; die Vita des Heiligen Teotonio (gest. 1162) feiert ausdrücklich Siege gegen die «Häretiker und Anhänger der widerwärtigen Riten Mohammeds» usw.

Andere Heilige wurden geradezu militarisiert. Der prominenteste Fall ist der Heilige Jakobus. Hingerichtet zur Herrschaftszeit des Herodes Agrippa I. (gest. 44 n. Chr.), erscheint der Bruder des Apostels Johannes, einer der erstberufenen Jünger Christi, vielfach in den Evangelien. Bereits im 9. Jahrhundert wurde in Iria an der Nordwestküste der Iberischen Halbinsel sein vermeintliches Grab aufgefunden, woraufhin seine Gebeine an einen nahegelegenen Ort, das heutige Santiago de Compostela, verbracht wurden. In den folgenden Jahrzehnten entwickelte sich der Platz zu einem regionalen Kultzentrum. Die asturischen Könige griffen die Verehrung des Heiligen Jakobus auf und machten ihn zum Patron ihres Reiches. Zwar wurde bereits an der Wende zum 10. Jahrhundert die Wiedererlangung christlicher Gebiete auf sein Wirken zurückgeführt, doch erlebte das Bild einer unmittelbaren Beteiligung des Heiligen an Kriegen der Christen gegen Muslime erst im 11. und vor allem im 12. Jahrhundert seinen wahren Aufschwung: Texte jener Zeit datieren das Wirken des Heiligen Jakobus als Schlachtfeldhelfer in das 9. Jahrhundert zurück. So soll er bereits im Jahre 844 bei Clavijo unweit Pamplonas den Christen in Gestalt eines Reiters auf weißem Pferde beigestanden und zum Sieg verholfen haben. Mit dieser Erzählung des 12. Jahrhunderts wurde der Heilige nachträglich militarisiert. Die *Historia Silense* aus der Zeit um

1118 berichtet, dass schon König Ferdinand I. den Heiligen im Jahre 1064 mit Erfolg um Unterstützung bei der Eroberung Coimbras bat. In der Folge entwickelte sich auch in der bildenden Kunst eine abgewandelte Form seiner Darstellung: Nicht mehr als einfacher Pilger mit Stab und Hut, sondern als bewaffneter Reiter und «Töter von Muslimen», als «Santiago Matamoros», wurde der Heilige nun immer häufiger in der iberischen Kunst wiedergegeben.

Noch ein weiterer besonders verbreiteter Textstoff und seine in vielen Kulturen Lateineuropas ausgebildeten Varianten trugen zur Umdeutung der Iberischen Halbinsel als Ort religiöser Gegensätze zwischen Christen und Muslimen bei. Gemeint ist das in den letzten Jahrzehnten des 11. Jahrhunderts entstandene Rolandslied. Einflussreiche Texte des beginnenden 12. Jahrhunderts wie der sogenannte *Pseudo-Turpin* zeichneten den historischen Kriegszug Karls des Großen von 778, bei dem ein karolingisches Heer vor allem gegen Basken kämpfte, nun als einen vorgezogenen Kreuzzug: Christen stritten gegen Muslime, eben weil sie Muslime waren und ein Land beherrschten, das angeblich rechtmäßig den Christen gehörte.

Es ist schwer zu bestimmen, worauf die seit der Mitte des 11. Jahrhunderts zunehmend deutlicher hervortretende religiöse Aufladung, worauf die Sakralisierung der militärischen Auseinandersetzungen mit den Muslimen als Gotteskriege zurückzuführen ist. War es die auch in anderen Teilen Lateineuropas feststellbare wachsende religiöse Unruhe, die sich u.a. in neuen Formen klösterlichen Lebens, der sogenannten Kirchenreform und einem gesteigerten Interesse an individueller Buße niederschlug? Kann man die wesentlichen Impulse von Seiten einheimischer Christen vermuten, oder spielten Kleriker und Mönche, die im 11. Jahrhundert in wachsender Zahl von jenseits der Pyrenäen ins Land kamen, eine Rolle? Wie ist überhaupt das Wirken von Zugezogenen aus dem Osten und dem Norden zu veranschlagen? Welchen Einfluss hatte das Papsttum auf die neue Lesart der Kriege zwischen christlich und muslimisch geprägten Herrschaften?

Der Einfluss der Kirche und der «Proto-Kreuzzug» gegen Barbastro

Nicht unbedeutend scheint zumindest im Westen der Iberischen Halbinsel das Wirken der Mönche aus dem burgundischen Kloster Cluny gewesen zu sein. Diese wurden stark von den Königen Leóns gefördert, nicht zuletzt auch finanziell aus den Tributzahlungen muslimischer Machthaber. Die Cluniazenser unterhielten außerdem auf persönlicher Ebene engste Beziehungen zu König Alfons VI. von León, dessen Frau Constanze von Burgund (gest. 1093, selbst die Nichte eines Abtes von Cluny) und anderen Angehörigen des Königshauses. Auch im Osten der Iberischen Halbinsel waren sie präsent, wie beispielhaft das enge Verhältnis zwischen den Cluniazensern und Rodrigo Díaz de Vivar, El Cid, belegt. Vor allem unter dem Pontifikat Papst Urbans II. (gest. 1099) wurden Kleriker aus dem heutigen Frankreich, darunter nicht wenige Cluniazenser, in den iberischen Reichen auf Bischofsstühle gesetzt. In den letzten beiden Jahrzehnten des 11. Jahrhunderts geschah dies unter anderem in Valencia, Toledo, Braga und Zamora. Die fremdländischen Bischöfe hatten Anteil an einem Prozess, der in der Forschung verschiedentlich als Internationalisierung oder Europäisierung der iberischen Kirche und Reiche bezeichnet worden ist. Während des gesamten Mittelalters unterstützten Bischöfe, nicht nur diejenigen französischer Herkunft, die Kriegszüge auf vielfältige Weise: Sie hielten Predigten, waren als Diplomaten tätig, unterstützten oder gründeten gar militärische Bruderschaften, halfen finanziell und nahmen persönlich an Feldzügen teil. Nicht zuletzt verfassten sie einige der bedeutendsten Chroniken, die uns aus ihrer spezifischen, klerikalen und oftmals der eigenen Bischofskirche verhafteten Perspektive von den Geschehnissen berichten.

Neben der indirekten Einflussnahme über Äbte und Bischöfe ist die massive Unterstützung iberischer Monarchen durch verschiedene Päpste des ausgehenden 11. und beginnenden 12. Jahrhunderts hervorzuheben. Besonders markant war die päpstliche Förderung einer Kampagne, die von christlichen Truppen im

Jahre 1064 gegen die Pyrenäenortschaft Barbastro unternommen wurde. Dieser Kriegszug, der prominent durch Alexander II. (gest. 1063) propagiert wurde, ist in der Forschung häufig als eine Art Proto-Kreuzzug – also ein Kreuzzug vor den Kreuzzügen – dargestellt worden. In der Tat war er ungewöhnlich. Zwar beteiligten sich daran auch Truppen unter der Führung des Königs von Aragon und verschiedener Grafen des Pyrenäenraums, aber die größten Kontingente kamen aus den Gebieten nördlich der Berge, aus Aquitanien, der Normandie, Burgund und anderen westfränkischen Territorien, zudem auch aus Italien. Nach einer 40-tägigen Belagerung wurde die Stadt eingenommen, die männliche Bevölkerung massakriert, Frauen vergewaltigt.

Die Beweggründe der Kämpfer vor Barbastro sind nicht im Einzelnen zu bestimmen. Zweifellos dürften einige von ihnen durch einen päpstlichen Ablass motiviert worden sein, der ihnen für den Kampf Bußerlass und Sündenvergebung in Aussicht stellte. Allerdings konnten sie nicht – wie 35 Jahre später die Teilnehmer am Ersten Kreuzzug – damit argumentieren, die Heilige Stadt Jerusalem und unterdrückte Christen befreien zu wollen. Die kirchlichen Aufrufe dürften zwar von Bedeutung gewesen sein, ebenso ausschlaggebend waren jedoch zweifellos regionale politische und militärische Konstellationen. Denn einige der französischen vermeintlichen «Kreuzzugsteilnehmer» der Jahre 1064/65 waren über vielfältige soziale, familiäre, wirtschaftliche und politische Bande mit den Akteuren des südlichen Pyrenäenraums verbunden. Was auch immer den Einzelnen jeweils motiviert haben mag: Auf jeden Fall wurde das Ereignis vor allem in südfranzösischen Adelskreisen in Epen und Erzählungen gefeiert und damit langfristig in die Geschichtskonstruktion eines Kampfes gegen muslimische Widersacher eingewoben.

Militärisch erwies sich der blutige Zug gegen Barbastro aus christlicher Sicht sehr bald als ein Misserfolg. Die Eroberung der Stadt und Versklavung der überlebenden Einwohner führten zur Rekrutierung eines großen muslimischen Heeres unter Führung von al-Muqtadir, des Taifenherrschers von Zaragoza. Schon ein Jahr nach der christlichen Einnahme wurde Barbastro zurückerobert, die Besatzer vertrieben oder getötet. Bereits zuvor war einer der christlichen Anführer, Wilhelm VIII. von Aquitanien (gest. 1086), mit geplünderten Beutestücken und verschleppten Musliminnen und Muslimen an seinen Hof zurückgekehrt. Es wird vermutet, dass die kulturell Gebildeten unter den Versklavten als Vermittler arabisch-andalusischer Musik und Lyrik die Kultur in Aquitanien und dem Languedoc nachhaltig geprägt haben könnten.

Auch nach dem letztlich misslungenen Kriegszug gegen Barbastro äußerten sich Päpste wiederholt und lautstark zu einzelnen Konflikten zwischen iberischen Christen und Muslimen. Papst Urban II., selbst ein Cluniazenser, scheint die Lage jenseits der Pyrenäen besonders aufmerksam beobachtet zu haben. In verschiedenen Schreiben versuchte er, auf die örtlichen Akteure einzuwirken, indem er sie dazu anhielt, sich eher für die Wiedererrichtung untergegangener kirchlicher Strukturen auf der Iberischen Halbinsel einzusetzen, als sich an Kreuzzügen nach Jerusalem zu beteiligen. 1089 rief er ausdrücklich dazu auf, lieber die Grenzstadt Tarragona wieder zu besiedeln, anstatt nach Palästina zu ziehen; ähnlich äußerte er sich 1096 gegenüber katalanischen Territorialherren. Diese päpstlichen Schreiben und der Proto-Kreuzzug von Barbastro werfen die in der Forschung hochumstrittene Frage nach dem Verhältnis zwischen der «Reconquista» und den Kreuzzügen in den Orient auf.

4. «Reconquista» und Kreuzzug: Narrative und Praktiken

Die Iberische Halbinsel, ein neues Heiliges Land?

Um zu klären, ob die Kriegszüge von Christen gegen Muslime auf der Iberischen Halbinsel als Kreuzzüge anzusehen sind, muss zuerst bestimmt werden, was überhaupt ein Kreuzzug war. Dies ist kein leichtes Unterfangen, denn die Ansichten hierüber gehen weit auseinander. Manche argumentieren, Kreuzzüge seien religiös begründete Kriege, an denen sich Personen nicht zuletzt deshalb beteiligten, weil sie diesen Kampf als eine Form der Buße und des Gottesdienstes ansahen. Andere nehmen stärker die kirchlichen Akteure und den Ablassgedanken in den Blick: Ihnen zufolge war jeder von Päpsten ausgerufene und mit Ablässen unterstützte Krieg gegen Nichtchristen ein Kreuzzug. Wieder andere schließlich legen besonderen Wert auf das Zielgebiet der Expedition. Für sie galten Kreuzzüge stets der Rückeroberung oder Verteidigung des Heiligen Landes in Palästina, insbesondere Jerusalems.

Wenn aber den Heiligen Stätten und insbesondere Jerusalem eine solch überragende Bedeutung im Zusammenhang mit den Kreuzzügen zukam, dann haben die Kriege auf der Iberischen Halbinsel nichts mit dem Kreuzzug zu tun. Hier ging es schließlich lediglich um Eroberung, bestenfalls um Rückeroberung, aber nicht um die Rückkehr ins Heilige Land. Oder doch?

Um diese Frage zu beantworten, müssen wir wieder ins frühmittelalterliche Westgotenreich blicken. Bereits im 7. Jahrhundert legte Isidor von Sevilla (gest. 636) mit seinem «Lob der Hispania» (*Laus Spaniae*), das seine Gotengeschichte einführt, die Grundlage für eine folgenreiche Bedeutungsaufladung der Iberischen Halbinsel. Das Land wurde in antiker Tradition gefeiert und zu einer von Gott besonders geliebten Region stilisiert, in welche die Westgoten, den Israeliten des Alten Testaments gleich, gezogen seien. Kurz zuvor hatte bereits der Chronist Johannes von Biclaro (gest. ca. 620) die Westgoten mit dem Volk Israel gleichgesetzt. In anderen Texten wie der Kriegsweihe des westgotischen Heeres aus der Mitte des 7. Jahrhunderts wird diese Parallelisierung programmatisch überhöht, indem die Westgoten nun ausdrücklich als neue Israeliten dazu aufgefordert werden, strafend gegen die Feinde Gottes vorzugehen. Die westgotischen Herrscher ließen sich damit als Könige und Kriegsführer eines neuen Volkes Israel feiern.

Wie wir bereits gesehen haben, wurde lange vor dem Ersten Kreuzzug, nämlich an der Wende zum 10. Jahrhundert und nun in Auseinandersetzung mit Muslimen, dieses Bild in der asturischen Chronistik im nördlichen Spanien weiter ausgebaut. Das zu erobernde Land des ehemaligen Westgotenreiches wurde nun ausdrücklich zum gelobten Land, zum Land christlicher Sehnsucht (lat. *terra desiderabilis*) stilisiert. Es sollte von einem neuen Volk Israel, eben den Asturern, wiedererlangt werden. Ihre muslimischen Gegner wurden nicht nur wie im restlichen Lateineuropa als *Sarraceni*, *Hismaelitae* oder *Agareni* bezeichnet, sondern in Anlehnung an die Feinde des alttestamentlichen Juda auch explizit als «Chaldäer».

Auch im Osten der Iberischen Halbinsel, in Aragon und Katalonien, lässt sich seit der Mitte des 11. Jahrhunderts sowohl die Identifizierung mit dem Volk Israel als auch eine providenzialistische Geschichtsauffassung feststellen. Bei der oben erwähnten Weihe der Kathedrale von Huesca im Jahre 1097 etwa wurde behauptet, ein gütiger Gott sorge – «wie seinerzeit für die Israeliten» – für die Rückerlangung des Reiches.

Mit der Weiheurkunde für Huesca befinden wir uns in der Zeit des Ersten Kreuzzugs. Dieser sollte nicht ohne Folgen für die Iberische Halbinsel bleiben, denn in den nachfolgenden Jahren stößt man westlich der Pyrenäen verschiedentlich auf Anklänge der fernen Ereignisse in der Levante. Beispielhaft sei auf König Peter I. von Aragon (gest. 1104) verwiesen, der nicht nur selbst das Kreuz nahm (auch wenn er schließlich nicht den Weg nach Jerusalem einschlug). Er rückte auch in Zeichen und Worten seine eigenen militärischen Unternehmungen in die Nähe eines Kreuzzugs: So verlieh er einer während der Belagerung Zaragozas gegründeten Ortschaft (das heutige Júslibol) den Namen «Deus vult» – in Anlehnung an den Ausruf der Christen beim Ersten Kreuzzug. Sein Nachfolger Alfons I. (*el Batallador* = der Schlachtenkrieger, gest. 1134) wiederum war derart vom Kreuzzugsgedanken durchdrungen, dass er drei religiose Einrichtungen des Königreichs Jerusalem – die Templer, die Johanniter und die Kanoniker vom Heiligen Grab – testamentarisch zu Erben seines gesamten Reiches erkor. Derselbe König schuf einige kurzlebige bruderschaftliche Kampfverbände, die unter anderem den Landweg nach Jerusalem öffnen sollten – ein Gedanke, den Erzbischof Diego Gelmírez von Compostela (gest. 1140) zu jener Zeit ebenfalls formulierte und in die *Historia*

Compostellana aufnehmen ließ. Eine Reihe weiterer iberischer Texte des 12. Jahrhunderts griff diese Vorstellung der Eröffnung einer alternativen Landroute nach Jerusalem auf, setzte die Iberische Halbinsel in Parallele zur Levante und gab damit den religiös geprägten christlichen Kriegszügen an beiden Enden des Mittelmeeres eine vergleichbare Wertigkeit.

Ein grundlegender Text ist der bereits erwähnte, vermutlich von einem Autor aus Frankreich verfasste *Pseudo-Turpin*, denn auch in dieser einflussreichen Schrift wird die Iberische Halbinsel als neues Heiliges Land gezeichnet. Als Folge dieser Gleichsetzung beteiligten sich auch nichtiberische Kreuzfahrer an Kriegszügen jenseits der Pyrenäen. Pisanische Christen beispielsweise eroberten und plünderten 1114 Mallorca und verstanden sich dabei wohl durchaus als Kreuzfahrer, waren sie doch mit Kreuzeszeichen und päpstlichen Ablässen ausgestattet. Ähnlich werden es französische Kämpfer gesehen haben, als sie sich vier Jahre später an der Eroberung Zaragozas beteiligten: Ihnen war von der Kirche ausdrücklich der Ablass eines Jerusalemfahrers zugesagt worden.

Wenn aber Kreuzzüge nach einer der geläufigen Definitionen von Päpsten ausgerufen wurden, waren dann nicht letztlich diese, durch Ablässe geförderten Kriegszüge auf der Iberischen Halbinsel Kreuzzüge? Wir haben bereits gesehen, dass Papst Alexander II. den Angriff auf Barbastro massiv unterstützte und Urban II. iberische Christen dazu anhielt, das Christentum nicht in Palästina, sondern im eigenen Land zu stärken. Dadurch setzte er unmissverständlich den Kampf gegen Muslime auf der Iberischen Halbinsel mit dem in der Levante gleich. Dieser Gedanke wurde in der ersten Hälfte des 12. Jahrhunderts von anderen Päpsten aufgegriffen – von Paschalis II. (gest. 1118), Gelasius II. (gest. 1119), Calixt II. (gest. 1124) sowie Eugen III. (gest. 1153). Zu Beginn des 12. Jahrhunderts wurde diese Gleichsetzung aufgrund von Konzilsbeschlüssen einer nichtiberischen Öffentlichkeit aus den Gebieten nördlich der Pyrenäen bekannt, nicht zuletzt dadurch, dass identische Ablässe für den Jerusalemzug und die Beteiligung am Kampf gegen iberische Muslime in Aussicht gestellt wurden.

Diese Praxis lässt sich bis zum Ende des Mittelalters verfolgen. Immer wieder erfuhren Kriegszüge christlicher iberischer Könige von Seiten der Päpste durch Ablässe und andere Formen der Werbung Unterstützung und wurden dadurch in Lateineuropa publik gemacht. Folglich beteiligten sich verschiedentlich Truppenkontingente, die eigentlich im Rahmen eines Kreuzzugs auf dem Weg nach Palästina auf der Iberischen Halbinsel unterwegs waren, an Kampfhandlungen gegen Muslime. Die Eroberungen von Lissabon 1147, Tortosa 1148 und Silves 1189 beispielsweise gelangen den iberischen Christen nicht zuletzt aufgrund dieser ursprünglich nicht unbedingt vorgesehenen, aber für beide Seiten opportunen Militärhilfe: Die Kreuzfahrer erfüllten auf diese Weise bereits auf dem Wege ihr Kreuzzugsgelübde, während die iberischen Aufgebote willkommene Unterstützung erhielten.

In anderen Fällen zogen Kontingente gezielt über die Pyrenäen, um an Feldzügen iberischer Herrscher teilzunehmen. Ob dies aufgrund der Kreuzzugsablässe erfolgte oder vielmehr in der Hoffnung auf Beute und Ehre oder gar wegen der oben erwähnten familiären Verbindungen mit iberischen Adelsfamilien, ist in jedem Einzelfall zu prüfen, aber selten eindeutig zu klären. An der Kampagne, die 1212 in der berühmten Schlacht von Las Navas de Tolosa endete, beteiligten sich zum Beispiel französische Kämpfer. Auch im 14. Jahrhundert (etwa bei der Schlacht von Salado 1340) und noch im 15. Jahrhundert bei verschiedenen Feldzügen (u.a. 1431, 1437, 1456), schließlich sogar beim Krieg um Granada Ende des 15. Jahrhunderts folgten ausländische Soldaten päpstlichen Kreuzzugsaufrufen. In dieser Hinsicht kann man durchaus von einer Internationalisierung der «Reconquista» sprechen.

Mit Blick auf die Beteiligung auswärtiger Kämpfer, auf die Unterstützung seitens der Päpste und auf die Gleichsetzung der Iberischen Halbinsel mit dem Heiligen Land scheint der Befund zunächst eindeutig zu sein: Die «Reconquista» wurde seit dem Beginn des 12. Jahrhunderts von Zeitgenossen durchaus als eine Form des Kreuzzugs verstanden. Doch vor einer vorschnellen Verallgemeinerung dieser Erkenntnis sollte man sich hüten.

Wie äußerten sich zu dieser Frage nämlich die an den Feldzügen Beteiligten, die eigentlichen Akteure? Es hat sich in der historischen Forschung bewährt, hierzu die Briefe und Testamente von Kriegsteilnehmern zu analysieren. Die Untersuchung dieser vor dem Aufbruch aufgesetzten Schriften hat gezeigt, dass Kreuzzüge nicht nur für Gott, sondern mindestens genauso sehr um des eigenen Seelenheils willen geführt wurden: Das Streben nach persönlicher Läuterung und Buße bildete einen ganz wesentlichen Faktor, welcher das Handeln der ersten Kreuzfahrer bestimmte, die sich daher nicht zufällig als «Pilger» bezeichneten. Kreuzzüge dienten der Erlangung persönlichen Heils, sie galten als «verdienstvolle Gewaltanwendung». Nicht so sehr der Gegner, sondern man selbst war das vordringliche Ziel des Kampfes. Trifft dies auch auf die Iberische Halbinsel zu? Studien belegen, dass die Briefe und Testamente der iberischen Christen diese Beweggründe weitaus seltener erkennen lassen. Testatoren aus diesem Raum hielten schlicht fest, dass sie mit dem Heer gegen *Hispania* (das muslimisch beherrschte al-Andalus) zogen. Der Gegner wird zwar als Feind gezeichnet, der Kampf gegen ihn aber selten als heilbringend herausgestellt. Dieser Befund relativiert eine vorschnelle Gleichsetzung der Kreuzzüge mit den Kriegen auf der Iberischen Halbinsel. Auch in anderer Hinsicht ist Skepsis angebracht.

Pragmatik und religiöse Deutung

Achtet man nämlich auf die örtlichen Akteure, so bekommt das Bild eine ganz eigene und andere Kontur, die uns in aller Deutlichkeit vom Glaubenskrieg wegführt. Aus dem Kreuzzug wird nun ein Grenzkrieg und schlichte Eroberung. Viele iberische Quellen lassen erkennen, dass nicht alle Kriege gegen Andersgläubige religiös begründet wurden, im Gegenteil: Vor allem bei den einheimischen Beteiligten traten religiöse Motive gegenüber der Erlangung von Tributzahlungen und der Eroberung von Territorien eindeutig in den Hintergrund. Dies muss nicht überraschen, führt man sich die vielfältigen Austauschbeziehungen zwischen Christen und Muslimen in den iberischen Reichen vor

Augen, auf die noch einzugehen sein wird. Christliche Herrscher und Adelige unterhielten intensive wirtschaftliche, aber auch politische Kontakte, die sich auch in Militärbündnissen und gemeinsam durchgeführten Kriegszügen niederschlugen. Hier offenbart sich ein klarer Bruch zwischen einheimischer Pragmatik und dem Glaubenseifer auswärtiger Kämpfer.

Daher kam es wegen des konkreten Umgangs mit Muslimen verschiedentlich zu Konflikten zwischen Christen: So wollten in aller Regel die fremden Kämpfer viel schärfer und grausamer gegen die Muslime vorgehen als die Einheimischen. Diese pflegten eher einen rationalen Umgang mit dem Gegner. So nahmen sie Orte lieber durch Kapitulationsverträge als durch Sturm ein, verkauften Gefangene lieber gegen Lösegeld als sie zu töten usw. Zeitgenössische Quellen thematisieren diesen Unterschied. Berühmt sind die Streitigkeiten zwischen Einheimischen und Fremden, die im Jahre 1212 zum Rückzug der nichtiberischen christlichen Kämpfer aus dem Heeresaufgebot von Las Navas de Tolosa führten. Auch die Beschreibung der Eroberung Lissabons im Jahr 1148 zeigt die Spannungen zwischen der Pragmatik des portugiesischen Grenzkriegs und fremder Glaubensradikalität: Während die Einheimischen auf eine Kapitulation als Ergebnis von Verhandlungen zielten, strebten die Auswärtigen nach der militärischen Eroberung und Plünderung der Stadt, war diese ihnen doch zuvor in Predigten als Substitut für Jerusalem und damit nicht nur als legitimes, sondern als unbedingt zu eroberndes, weil muslimisch beherrschtes Angriffsziel dargestellt worden.

Dass iberische Christen einen graduellen Unterschied zwischen diesen beiden Kriegsschauplätzen sahen – hier al-Andalus, dort Jerusalem und Palästina –, wird unter anderem gerade daran erkennbar, dass ihnen von Seiten der Päpste die Teilnahme am Kreuzzug in die Levante verboten werden musste, um militärische Kräfte auf der Halbinsel zu binden. Die Ablässe, die den Glaubenskampf auf der Iberischen Halbinsel mit dem im Orient gleichstellten, glichen beide Kriegsziele in den Augen der Einheimischen offenbar nicht vollständig an. Ebenso wenig ließen sich die iberischen Expeditionen in dem Maße als Pilgerfahrt verstehen, wie es beim Zug nach Jerusalem der Fall war.

Eine solche Unterscheidung von Motivlagen nach Akteuren und Autoren ist für eine angemessene Beurteilung des Verhältnisses von «Reconquista» und Kreuzzug unabdingbar. Die Herkunft der Kombattanten ist genauso in Anschlag zu setzen wie ihre gesellschaftliche Zuordnung. Diese geographische und soziale Differenzierung ist deswegen außerordentlich wichtig, weil die Kriege auf der Iberischen Halbinsel durch eine große Breite beteiligter Gruppen und potentieller Beweggründe gekennzeichnet waren. Die überlieferten Deutungen der Ereignisse hingegen entstammen einem vergleichsweise reduzierten gesellschaftlichen Spektrum, wodurch unser Bild notwendigerweise verzerrt wird. Für jede Analyse der «Reconquista» als Glaubenskrieg muss es einen Unterschied machen, ob wir gelehrte Geistliche oder aber Laien als Gewährsleute heranziehen. Chronisten geben keineswegs ungebrochen die Intentionen der Kriegführenden wieder, sondern deuten diese stets. Daher ist es unabdingbar, neben den erzählenden Texten auch andere Quellen wie die erwähnten Briefe und Testamente der eigentlichen Kombattanten heranzuziehen, wenn man sich den handlungsleitenden Motiven unterschiedlicher Gruppen nähern will.

Noch wichtiger ist es, zwischen den Autoren zu unterscheiden, die fernab des Geschehens wohnten, und denen, die dauerhaft in den Grenzgebieten zwischen islamisch und christlich beherrschten Territorien lebten und schrieben. Es macht einen Unterschied, ob wir die Aussagen ferner Päpste, fremdländischer Autoren oder von jenseits der Pyrenäen herbeigezogener Kämpfer lesen, oder ob wir Worte interpretieren, die örtliche Bischöfe oder Mönche, Fürsten oder Könige geäußert haben sollen. Um lediglich ein Beispiel zu geben: Im Gegensatz zu denjenigen im restlichen Lateineuropa unterschieden iberische Chronisten des 12. Jahrhunderts ungewöhnlich genau zwischen einzelnen muslimischen Gruppen, selbst wenn sie diese durchweg als Feinde verstanden. Mit jeweils eigenen Bezeichnungen differenzierten sie zum Beispiel zwischen Muslimen im Allgemeinen, andalusischen Muslimen, Berberstämmen, Almoraviden und Almohaden.

Aus diesem Unterschied zwischen der Iberischen Halbinsel

und anderen Räumen Lateineuropas erklären sich manche der erwähnten innerchristlichen Spannungen über den Umgang mit den Muslimen. Denn die Grenzgesellschaften der Iberischen Halbinsel waren letztlich weniger stark durch den Krieg als durch Siedlungsprobleme gekennzeichnet. Während das Papsttum, die auswärtigen Kämpfer und die Ritterorden die «Reconquista» wiederholt in die Nähe des Kreuzzugs stellten, griffen einheimische Herrscher und der Klerus diesen Gedanken lediglich ab und zu auf; der lokale Adel und die anderen Kämpfer erwähnten ihn kaum. Die letzten beiden Gruppen scheinen den Kampf vor allem als Grenz- und Eroberungskrieg verstanden zu haben, während das Konzept der Wiedereroberung und Wiederherstellung insbesondere vom örtlichen Klerus und lokalen Herrschern propagiert wurde. Inwieweit es sich hierbei lediglich um eine Ideologie oder gar um «Propaganda» handelte, lässt sich schwer bestimmen. Man sollte aber die Wirksamkeit solcher handlungsleitenden Ideen auf gesellschaftliche Vorstellungen nicht vorschnell verwerfen. Weiterhin gilt es, Unterschiede zwischen den iberischen Reichen nicht zu übersehen: Die asturisch-leonesischen Herrscher etwa stützten sich weitaus stärker als Potentaten anderer Reiche auf die Vorstellung der *restauratio* – durchaus unter religiösen Vorzeichen und unter starker Betonung ihrer königlichen Stellung. In Portugal hingegen wurden Kreuzzug und «Reconquista» erst mit einer zeitlichen Verzögerung von mehreren Jahrzehnten miteinander in Beziehung gesetzt.

Das Spannungsfeld von Pragmatik und religiöser Deutung ist letztlich nicht endgültig aufzulösen. Aber der Wunsch nach Wiederherstellung untergegangener Reichsbildungen oder Kirchenstrukturen spielt im Gesamtcorpus der urkundlichen Überlieferung keine herausragende Rolle, vielmehr wird er durch andere handlungsleitende Momente ergänzt. Hierzu zählt besonders das wirtschaftliche Interesse an Einnahmen aus Tributzahlung. Die einträglichen Paria-Zahlungen werden von der *Historia Silense* ebenso wie von der *Chronica Naierensis* oder von Pelayo von Oviedo (gest. 1153) genannt. Vor allem die muslimischen Autoren wie der bereits erwähnte ʿAbd Allāh ibn

Buluġġīn von Granada führen dies als Ziel der Kämpfer aus dem Norden an. Ähnlich äußern sich im 12. Jahrhundert Ibn al-Kardabūs und der anonyme Autor der Chronik der Taifenherrscher (*Crónica de los Reyes de Taifas*) sowie später Ibn ʿIḏāri (gest. ca. 1313). Auch die Urkunden der Christen benennen – neben der Rückeroberung und Wiederherstellung verlorenen Besitzes – die Zahlungen der Muslime als lobenswertes Ziel. Die zitierte Barceloneser Weiheurkunde von 1058 feiert Graf Raimund Berengar I. mit den Worten: «Mit Gottes Hilfe entrichteten ihm die den Christen feindlichen Heiden Tributzahlungen.» Hier lassen sich die *parias* noch als irdische Entlohnung für den Glaubenskampf zur Ausbreitung des Christentums verstehen. Andere Urkunden sprechen hingegen eine noch pragmatischere Sprache: Als Raimund Berengar I. im selben Jahr mit Graf Ermengol III. von Urgell (gest. 1065) eine Vereinbarung (lat. *convenientia*) gegen den Herrscher von Zaragoza schloss, wurden schon im Vorfeld die zu erwartenden Tributzahlungen zwischen den künftigen Siegern aufgeteilt. Wenig später verpflichtete sich der Graf von Urgell ausdrücklich, die Paria-Zahlungen seines Partners gegen alle Angriffe zu schützen. Raimund Berengar III. von Barcelona (gest. 1131) versprach 1120 dem muslimischen Statthalter von Lleida die Hälfte aller *parias*, die dieser in seinem Namen eintreiben sollte. Vor diesem ökonomischen Hintergrund ist auch die nicht unbeträchtliche Präsenz christlicher Söldner im Dienst der Taifenherrscher zu sehen. Noch übertroffen wurde die wirtschaftlich-monetäre Motivation vom Streben nach Land. Eine vergleichende Lektüre der christlichen Quellen zeigt, dass das Interesse an den *parias* sowie die vereinzelt aufscheinende Vorstellung der Restauration und des Glaubenskampfes vom erklärten Anliegen begleitet wurden, Gebiete schlichtweg zu erobern. Die historiographischen Texte jener Jahrzehnte, aber auch hagiographische Quellen feierten folglich ausgiebig die Landgewinne der iberischen Könige.

5. Wechselndes Kriegsglück (1085–1199)

Aufstieg und Fall der Almoraviden

Das lange Jahrhundert zwischen 1085 und 1199 zeigt besonders eindringlich, dass man sich bei jeder Darstellung christlich-islamischer Konflikte auf der Iberischen Halbinsel vor einer geradlinigen Erzählung von christlichen Eroberungen und Erfolgen hüten sollte. Vielmehr ist jene Epoche ebenso und wesentlich durch bedeutende muslimische Siege – u.a. in den Schlachten von az-Zallāqa / Sagrajas (1086), Uclés (1108), Alarcos (1195) – gekennzeichnet. Verantwortlich für diese Erfolge waren insbesondere zwei reformreligiöse islamische Dynastien: die Almoraviden und die Almohaden.

Der dauerhafte finanzielle Aderlass infolge der Paria-Zahlungen und die Expansion christlicher Reiche aus dem Norden in der zweiten Hälfte des 11. Jahrhunderts, für die paradigmatisch die Einnahme Toledos im Mai 1085 steht, versetzten einige Taifenherrscher in berechtigte Sorge. Deshalb wandten sie sich an die Anführer eines dynamischen, zu jener Zeit an Macht gewinnenden Berberverbands aus dem Maghreb, der sich als Almoraviden (von arab. *al-murābiṭūn*, die in einer Grenzbefestigung postierten, span. *almorávides*) bezeichnete, und baten um Militärunterstützung.

Die führende Gestalt dieser Konföderation von Clans war Yūsuf ibn Tāshfin (gest. 1106), ein Berber aus dem Stamm der Ṣanhāğa, der Mitte des 11. Jahrhunderts verschiedene Gruppen im Südwesten der Sahara unter seiner Führung vereinigte. Die Bezeichnung dieser *al-murābiṭūn* dürfte von ihrer Kopfbedeckung, einer Verbindung aus Turban und Schleier, abgeleitet sein. Erst wenige Jahrzehnte zuvor islamisiert, erwiesen sie sich als Anhänger einer besonders rigorosen Variante der malikitischen Rechtsschule und forderten eine strenge Beachtung islamischer Regeln ein. Um 1050 brach Yūsuf ibn Tāshfin zu einem beeindruckenden Siegeszug in Richtung Westen auf, der ihn und die Almoraviden bald zu Herren des gesamten Maghreb aufsteigen ließ. Ihr Herrschaftszentrum wurde die neu errichtete Stadt Marrakesch in Zentralmarokko.

1081 nahm der Taifenherrscher von Badajoz Kontakt zu den Almoraviden auf und bat um militärische Hilfe gegen die Christen. Doch erst der Fall Toledos 1085 veranlasste den anfangs zögerlichen Yūsuf ibn Tāshfīn, mit seinem Heer über die Meerenge zu setzen. Die Herrscher von Sevilla, Granada und anderer Taifenreiche hießen die Truppen anfangs willkommen, obwohl sie sich über die Gefahr eines berberischen Heeres im eigenen Land keinen Illusionen hingaben. Von al-Muʿtamid von Sevilla (gest. 1095) ist der Ausspruch überliefert, er sei «lieber ein Kameltreiber als ein Schweinehirte», also lieber Diener der Almoraviden als der Christen. Genau dies sollte auch eintreten: al-Muʿtamid und die anderen Taifenherrscher mussten sich den mächtigen Glaubensbrüdern aus dem Süden unterwerfen. Der Untergang der Taifenreiche war damit weniger das unmittelbare Ergebnis christlicher Aggression als die Folge einer muslimischen Intervention.

Das anfangs noch vereinigte Heer der Berber und einiger Taifenherrscher zog im Herbst 1086 nach Norden, wo es am 23. Oktober ca. 15 km nördlich von Badajoz an einem Ort namens az-Zallāqa (heute Sagrajas) auf das leonesische Aufgebot traf und dieses vernichtend schlug. Zwar kehrte Yūsuf ibn Tāshfīn unmittelbar nach dem Sieg nach Marokko zurück, doch kam er 1088 und 1090 mit dem Ziel wieder, die in seinen Augen unzuverlässigen und in Sachen des Glaubens allzu laxen Taifenherrscher abzusetzen. Zu diesem Zweck holte er Rechtsgutachten ein, welche ihm die Argumente dafür lieferten, den Kleinkönigen ihr Recht auf Herrschaft aufgrund ihres Lebenswandels abzusprechen. Bis 1110 gelang es den Almoraviden, alle verbliebenen Taifenreiche unter ihre Herrschaft zu zwingen. Spätestens mit ihrem glänzenden Sieg über die Kastilier und Leoneser bei Uclés im Jahre 1108 war die Macht der neuen Berberdynastie auf der Iberischen Halbinsel gesichert. Die Hauptstadt ihres die Meerenge von Gibraltar überspannenden Imperiums blieb weiterhin Marrakesch, doch wurde nun Sevilla zum Regionalzentrum für al-Andalus aufgebaut.

In der Forschung wird die Herrschaft der Almoraviden häufig als puritanisch und in religiöser Hinsicht fanatisch dargestellt. Doch waren die neuen Herrscher der Kultur nicht abgeneigt: Vor allem den Rechtswissenschaften, aber auch der Geschichtsschreibung und Geographie fühlten sie sich verpflichtet. In wirtschaftlicher Hinsicht profitierten die Almoraviden vom intensiven transsaharischen Handel und insbesondere vom Import subsaharischen Goldes. Die Goldmünze des Almoravidenreiches, der Morabatin bzw. Maravedí, entwickelte sich zur Leitwährung eines regen Fernhandels im westlichen Mittelmeerraum. Trotz ihrer religiösen Rigidität blieben in den Jahrzehnten almoravidischer Herrschaft durchaus christliche und jüdische Minderheiten im Lande, wenngleich diese nun höher besteuert wurden. Sogar auf christliche Söldner griffen die Berberherrscher zurück. Allerdings verschärfte sich ihr Umgang mit den christlichen Untertanen nach dem Jahr 1125, als sich viele christliche Mozaraber einem Invasionsheer aus Aragon anschlossen und das Land verließen. Als Reaktion hierauf wurden verbliebene Christen in großer Zahl über die Meerenge nach Nordafrika deportiert.

In dieser Zeit erwuchs den Almoraviden im Nordosten der Iberischen Halbinsel ein mächtiger Gegner: Alfons I. von Aragon, *el Batallador*. Im Laufe verschiedener militärischer Kampagnen gelang es ihm, seine Herrschaft über die Gebiete nördlich des Ebros zu sichern und durch die Eroberung von Tudela, Daroca und Calatayud sogar jenseits des Flusses auszudehnen. Damit bereitete er dem Reich der muslimischen Banū Hūd faktisch ein Ende. Sein größter Erfolg bestand zweifelsohne in der durch kirchliche Ablässe unterstützten Eroberung Zaragozas, der Hauptstadt des gleichnamigen Taifenreiches (18. Dezember 1118). ʿAlī ibn Yūsuf (gest. 1143), der Spross aus einer Verbindung von Yūsuf ibn Tāshfīn mit einer christlichen Sklavin, besaß nicht das militärische Geschick seines Vaters und geriet gegenüber den Christen in die Defensive.

Die zunehmende Schwäche des Almoravidenreiches wurde

durch den erwähnten Feldzug Alfons' I. im Jahre 1125 überdeutlich, welcher aragonesische Truppen bis an die Tore Granadas und Málagas führte. Aufgrund dieser Misserfolge, der harten Hand der berberischen Herren gegenüber den andalusischen Einheimischen, aber auch aufgrund neuer religiöser, der islamischen Mystik nahestehender Bewegungen schwand die Unterstützung für die Almoraviden in al-Andalus zusehends. In den Dreißigerjahren des 12. Jahrhunderts brachen verschiedene Unruhen aus, etwa 1133 in Sevilla, wo lokale Eliten Alfons VII. (gest. 1157) von León und Kastilien – allerdings folgenlos – die Herrschaft über die Stadt anboten. Es entstand eine Reihe selbständiger Herrschaften, die in der historischen Forschung als die «zweiten Taifenreiche» bezeichnet werden. Die Auflösung des Almoravidenreiches wurde unübersehbar.

Alfons I. von Aragon konnte in jenen Jahren alle muslimischen Territorien nördlich des Ebros einnehmen. Zwar starb der kinderlose, höchstwahrscheinlich homosexuelle König 1134 bei Fraga im Kampf gegen die Muslime, was sein Reich in eine Nachfolgekrise stürzte, aber der Süden des Ebro-Tals blieb erklärtes Expansionsziel der nordostiberischen Adeligen. Ein weiteres Mal durch fremde Kontingente unterstützt (hier durch Genuesen und Kreuzfahrer auf dem Weg in die Levante), gelang es Graf Raimund Berengar IV. von Barcelona (gest. 1162) im Jahre 1148, Tortosa einzunehmen. Ein Jahr später eroberte sein Heer das landeinwärts gelegene Lleida. Damit hatten die Christen die Grenze zwischen al-Andalus und den Reichen des Nordostens dauerhaft an den Ebro vorgeschoben.

Zeitgleich expandierten auch andere christliche Herrschaften. Genau wie Raimund Berengar IV. von Barcelona nutzten sie die Konjunktur einer durch die Kreuzzugsbewegung geprägten Zeit. Die Eroberung des fernen Edessa im Osten der heutigen Türkei im Jahr 1144 durch muslimische Truppen bot den Anlass für die Ausrufung des sogenannten Zweiten Kreuzzugs. Englische und niederdeutsche Kreuzfahrer, die auf dem Seeweg nach Palästina reisten, wurden 1147 von dem portugiesischen Herrscher Afonso Henriques (gest. 1185) dafür gewonnen, ihn bei der Belagerung Lissabons zu unterstützen. Nach mehrmonatiger Belagerung wurde die Stadt am 24. Oktober 1147 eingenommen und geplündert; viele Einwohner, darunter auch der mozarabische Bischof, wurden getötet. Kaum eine Woche zuvor hatte sich Ähnliches in der südspanischen Hafenstadt Almería zugetragen. Hier war es König Alfons VII. von León und Kastilien, der eine genuesische Flotte dafür gewann, die reiche Fernhandelsstadt zu belagern. Auch in diesem Fall endete die Belagerung mit dem Sturm der Stadt und anschließender Plünderung und Massakern an großen Teilen der Bevölkerung.

Die Jahre zwischen 1147 und 1149 sahen damit die massive Expansion christlicher Truppen in drei Bereichen: Im Westen schob der portugiesische König sein Herrschaftsgebiet bis nach Lissabon an den Tejo vor, im Süden weitete der kastilische König – wenngleich nur kurzzeitig – seine Herrschaft bis an die Mittelmeerküste bei Almeria aus, und im Osten sicherten die Könige Aragons und die Grafen Barcelonas dauerhaft die Ebrogrenze. Diese Ereignisse bedeuteten eine substantielle Verschiebung der Machtverhältnisse auf der Iberischen Halbinsel.

Die militärischen Erfolge der Christen ließen diese hoffen, bald weitere Gebiete erobern zu können. Vor diesem Hintergrund ist der Vertrag von Tudilén vom Januar 1151 zu verstehen, mit dem Alfons VII. von León und Kastilien und Raimund Berengar IV. von Barcelona zukünftig in Besitz genommenes Land unter sich aufteilten: Demnach sollte der kastilische König die westlich und südlich von Murcia gelegenen Gebiete, der Graf (als Vasall des Königs) die östlich davon gelegene Küste erobern. Nach zusätzlichen christlichen Erfolgen wurde am 21. März 1179 in Cazola ein noch weiter reichender Vertrag zwischen dem kastilischen König und dem Sohn von Raimund Berengar IV., dem neuen König von Aragon Alfons II. (gest. 1194), vereinbart: Darin wurde die gesamte *terra hispaniae*, also das gesamte al-Andalus prophylaktisch aufgeteilt, wobei der König von Aragon nicht mehr als Vasall agierte, dafür aber die künftige Herrschaft über Murcia an sein kastilisches Gegenüber abtrat. Die Verträge von Tudilén und Cazola verraten einen großen Optimismus auf christlicher Seite, der sich allerdings bald als unbegründet erweisen sollte. Denn ähnlich wie im Jahre 1085, als bedeutende christliche Erfolge zur Herrschaftsübernahme der Almoraviden führten, zeitigte auch die christliche Expansion der 1140er-Jahre massive Folgen für die muslimische Herrschaft über al-Andalus.

Die Bewegung der Almohaden

Die nun die Geschicke der Iberischen Halbinsel prägende Bewegung der Almohaden geht wesentlich auf das Wirken eines charismatischen Führers zurück: Muḥammad ibn Tūmart (gest. 1130), der auch als al-Mahdī bezeichnet wurde, entstammte dem Antiatlas in Zentralmarokko und entwickelte sich zu einem einflussreichen Theologen. Seine Lehre verband Elemente des sunnitischen und schiitischen Glaubens miteinander, reicherte sie mit Einflüssen aus der islamischen Mystik (Sufismus) an und setzte sich dezidiert von der auf der Schule des Malikismus aufbauenden Rechtgläubigkeit der Almoraviden ab. Die unter ihm und seinem Nachfolger ʿAbd al-Muʾmin (gest. 1163) entstandene Bewegung der *al-muwaḥḥidūn* («Unitarier», daraus Almohaden, span. *almohades*) vereinigte Clans aus dem Stamm der Maṣmūda, die sich als dezidiert berberisch und radikal monotheistisch verstanden. Von anderen Muslimen, aber auch von jüdischen und christlichen Untertanen verlangten die Almohaden vollständige Unterordnung. 1147 nahmen sie die Hauptstadt der Almoraviden, Marrakesch, ein. Von dort aus vermochte diese Konföderation in wenigen Jahren, ganz Nordafrika – also sowohl den Maghreb im Westen als auch Ifrīqiya im Osten – zu unterwerfen.

Auch auf der Iberischen Halbinsel brachten die Almohaden zwischen 1146 und 1172 bis auf Mallorca alle iberischen Territorien des ehemaligen Almoravidenreiches, die noch unter muslimischer Herrschaft standen (inklusive der «zweiten Taifenreiche»), unter ihre Kontrolle. Die Sieger führten dort ein strenges, mitunter sogar brutales Regiment ein gegenüber den unterworfenen Andersgläubigen, aber auch den Muslimen. Ihr Vorgehen zielte auf die Vereinheitlichung unter der almohadischen Doktrin, nicht auf die systematische Unterdrückung von Nichtmuslimen. Gegenüber den Künsten und der Philosophie zeigten sich die Almohaden allerdings durchaus offen. Ihr Hof in Sevilla kann mit Fug und Recht als ein bedeutendes kulturelles Zentrum gezeichnet werden, in dessen Umfeld u. a. die für den lateinischen Westen äußerst wichtigen Aristoteleskommentare des Averroes (Ibn Rušd, gest. 1198) entstanden.

Abū Yaʿqūb Yūsuf I. (gest. 1184) unternahm zu Beginn der 1170er-Jahre eine Reihe von Kriegszügen, welche die Grenze zum Königreich León an den Tajo zurückschoben. Noch bedeutender waren die militärischen Erfolge seines Sohnes Abū Yūsuf Yaʿqūb (gest. 1199). Ihm zu Pass kamen Streitigkeiten zwischen den miteinander verwandten Herrschern Leóns und Kastiliens einerseits sowie die notorischen Spannungen der Königreiche Kastilien und Aragon mit Navarra andererseits.

Sein religiöser Eifer hinderte weder ihn noch die anderen Almohadenherrscher daran, Bündnisse mit christlichen Herrschern zu schließen, christliche Söldner zu beschäftigen oder christlichen Exilanten Asyl zu bieten. So kämpfte beispielsweise 1198 König Sancho VII. von Navarra (gest. 1234) im Maghreb auf Seiten der Almohaden, und an deren Hof dienten nicht wenige christliche Adlige. Die von verschiedenen Päpsten verfassten Mahnschreiben jener Jahre, die zur Einigkeit der christlichen Könige gegen muslimische Herrscher aufriefen, verklangen ungehört. Geschickt verbündete sich Abū Yūsuf Yaʿqūb mit den Königen Leóns und Navarras gegen den König von Kastilien, dessen Heer er am 19. Juli 1195 in der Nähe der Burg al-Arak (span. Alarcos) nicht weit von Calatrava vernichtend schlug. Es war der bedeutendste muslimische Sieg seit der Schlacht von al-Zallāqa / Sagrajas im Jahre 1086.

Die christliche Niederlage erfolgte zu einer Zeit großer Misserfolge in den Kreuzfahrerstaaten im Orient, wo 1187 das Heer des Königreichs Jerusalem auf dem Schlachtfeld von Hattin untergegangen und das gleichnamige Königreich fast vernichtet worden war. Entsprechend groß waren die Schockwellen, welche die Niederlage von Alarcos und weitere muslimische Erfolge wie etwa die Einnahme der strategisch wichtigen Burg Salvatierra 1211 in den Westen und bis nach Rom sandten. Papst

Coelestin III. (gest. 1198), der vor seiner Wahl als apostolischer Legat weitreichende Erfahrungen auf der Iberischen Halbinsel hatte sammeln können, und mehr noch Papst Innozenz III. (gest. 1216) schickten Kreuzzugsaufrufe in die Länder Lateineuropas und riefen eindringlich zur Einigkeit auf. Der Erfolg dieser Aufrufe zeigte sich darin, dass sich nun die Könige Aragons, Navarras und Kastiliens verbündeten, um im Sommer 1212 einen Kriegszug gegen die Almohaden zu unternehmen. Weitere Kontingente aus den Königreichen León und Portugal sowie von jenseits der Pyrenäen schlossen sich an.

Diese vor allem aus Frankreich stammenden Teilnehmer waren durch Kreuzzugsablässe und die Hoffnung auf Beute angezogen worden, wie man an ihrem grausamen Vorgehen gegen besiegte Muslime zu Beginn der Kampagne erkennen kann. Als ihnen daraufhin nicht erlaubt wurde, eingenommene Orte zu plündern, zogen sich die meisten von ihnen mit Hinweis auf die große Hitze zurück. So war es ein im Wesentlichen aus iberischen Kombattanten bestehendes Heer, das am 16. Juli 1212 bei Las Navas de Tolosa (im Norden der heutigen Provinz Jaén) gegen das almohadische Aufgebot in die Schlacht zog und siegte: Die christlichen Panzerreiter durchstießen die Reihen ihrer Gegner, schlugen diese in die Flucht und erbeuteten immense Schätze.

Auch wenn im Nachgang zur Schlacht von Las Navas de Tolosa der siegreiche König von Kastilien sein Herrschaftsgebiet südlich des Flusses Guadiana ausdehnte und konsolidierte, so setzten weder er noch die anderen Sieger sofort und mit Erfolg zum Sprung auf das fruchtbare Tal des Guadalquivir und die großen Zentren von Córdoba und Sevilla an. Der Grund dafür lag in ausbrechenden Spannungen und dem Tod einzelner Protagonisten (König Peters II. von Aragon 1213 und Alfons VIII. 1214 sowie seines Sohnes Heinrich 1217), welche die Aufmerksamkeit der Christen kurzzeitig in andere Richtungen lenkten. Die große Phase christlicher Expansion sollte erst nach einem Jahrzehnt relativer Ruhe einsetzen.

6. Die Zeit der großen christlichen Eroberungen (1199–1260)

Der Sprung nach Süden

In den dreißig Jahren zwischen 1220 und 1250 konnten drei christliche Königreiche ihre jeweiligen Territorien stark erweitern: Im Westen der Iberischen Halbinsel gelang es den portugiesischen Königen, bis zum Jahre 1248 an die Algarveküste vorzustoßen. Aragon vermochte unter der Führung König Jakobs I. des Eroberers (gest. 1276) im Jahre 1229, Mallorca in Besitz zu nehmen, 1238 Valencia und bis 1246 das gleichnamige Königreich insgesamt zu annektieren. Den Angriffen König Ferdinands III. (gest. 1252) von Kastilien-León schließlich fielen die bedeutenden Zentren Córdoba (1236) und Sevilla (1248) – und mit ihnen letztlich die fruchtbare Ebene des Guadalquivir – zum Opfer. Das Königreich Portugal und die Krone Aragon etablierten auf diese Weise ihre Außengrenzen, wie sie im Großen und Ganzen bis in die Moderne beibehalten werden sollten. Wesentlich erleichtert wurde die Gebietserweiterung der Christen durch die Schwäche der Almohadenherrscher, deren Hauptaugenmerk (wie im Übrigen auch der Almoraviden vor ihnen) nicht auf der Iberischen Halbinsel, sondern auf der Sicherung ihrer Macht in der komplizierten Gemengelage berberischer Stämme Nordafrikas lag. Aus christlicher Sicht erscheinen diese Jahrzehnte in der Tat als diejenigen der «Großen Reconquista». Nur das Königreich Navarra konnte sich nicht in die Reihe expandierender christlicher Königreiche einfügen, weil es durch die Landgewinne Aragons und Kastiliens von einer weiteren Ausdehnung nach Süden abgeschnitten worden war.

Die ersten christlichen Mächte, die aus der muslimischen Niederlage von Las Navas de Tolosa, dem Tod des Almohadenkalifen (1213) und den danach aufbrechenden Auflösungserscheinungen seines Reichs Profit zogen, waren die Königreiche von Portugal und León. Anfangs griffen portugiesische Bischöfe und die Meister der Ritterorden auf die schon bei den Eroberungen Lissabons (1147) und Silves (1189) praktizierte Vorgehensweise zurück, mithilfe von Kreuzfahrern aus dem Norden strategische Vorposten zu erobern. So wurde im Oktober 1217 mit Unterstützung von Kreuzfahrern aus dem Rheinland, den Niederen Landen und Friesland Alcácer do Sal 60 km südlich von Lissabon eingenommen. Doch in der Folge verließen sich König Alfons II. (gest. 1223) und vor allem König Sancho II. (gest. 1248) von Portugal fast ausschließlich auf ihre eigenen Truppen und auf die Macht der örtlichen Ritterorden, insbesondere des Ordens von Santiago. In einer Reihe von Kriegszügen – 1232, 1234, 1239/40, 1242 – wurde bis 1250 das Grenzgebiet zum muslimisch beherrschten *ġarb al-'Andalus* (dem «Westen von Andalus», span. Algarve) sukzessive eingenommen. Alfons IX. (gest. 1230) wiederum, der letzte König von León vor der Vereinigung mit dem Königreich Kastilien im Jahre 1230, eroberte in den letzten Jahren seines Lebens wichtige Vorposten in der Extremadura, allen voran Cáceres (1229) sowie Mérida und Badajoz (1230).

Etwas später als in Portugal und León gingen in Kastilien die Eliten zur Offensive gegen das geschwächte Almohadenreich über. Erst ab dem Jahr 1224 und vor allem, nachdem im Jahre 1230 die – wie sich zeigen sollte nun endgültige – Vereinigung der Königreiche León und Kastilien gelungen war, begann König Ferdinand III. mit der Expansion seines Reiches nach Süden. Zu dieser Zeit hatten sich derart viele (nicht weniger als elf) muslimische Kleinkönigreiche von der almohadischen Zentralmacht losgesagt, dass diese häufig als die «dritten Taifenreiche» bezeichnet werden. Der bedeutendste unter diesen Kleinkönigen war Abū ʿAbd Allāh Muḥammad ibn Yūsuf ibn Hūd al-Ǧuḏāmī (Ibn Hūd), der bis zu seinem Tod im Jahre 1238 über weite Teile Andalusiens herrschte.

Unter König Ferdinand III., der im Jahre 1671 auf Betreiben der spanischen Habsburger und unter Hinweis auf seine Kriege gegen die Muslime heiliggesprochen werden sollte, verging kaum ein Jahr ohne Militärexpedition in den Süden. Zwar sprachen verschiedene Päpste jener Zeit Kreuzzugsablässe für diese Feldzüge aus, doch deren Teilnehmer stammten im Wesentlichen aus dem eigenen Land. Systematisch wurden mit Hilfe der Ritterorden, städtischer Milizen sowie kastilischer Adeliger Burgen und kleinere Ortschaften im Tal des Guadalquivir angegriffen, die meisten von diesen auch sukzessive eingenommen. Vier Meilensteine markieren diesen Eroberungsprozess: Im Jahre 1236 öffneten die Einwohner Córdobas, der alten Hauptstadt des Umayyadenkalifats, dem König die Tore ihrer Stadt. Ihr Beschützer, Ibn Hūd, war zu sehr mit der Verteidigung seiner nordöstlichen Besitzungen gegen die angreifenden Aragonesen beschäftigt, als dass er effektive Entlastung hätte leisten können. Die rund 250 Jahre zuvor (997) unter Almansor von Santiago nach Córdoba transportierten Glocken wurden nun von gefangenen Muslimen wieder nach Galicien zurückgetragen.

Wesentlich langwieriger gestaltete sich die Inbesitznahme der strategisch wichtigen Stadt Jaén in Ostandalusien, die seit dem Jahre 1225 wiederholt angegriffen wurde, aber erst im Jahre 1246 nach siebenmonatiger Belagerung eingenommen werden konnte. Ihr Verteidiger – Muḥammad ibn Yūsuf ibn Naṣr (bekannt als al-Aḥmar, gest. 1273) – trat die Stadt ab und begab sich zugleich in ein Vasallenverhältnis zum König. Damit kam er einem christlichen Angriff zuvor und sicherte die Herrschaft über Granada und die umliegenden Territorien für sich und seine Familie. Wenig später sollte er seine Bündnistreue bei der Eroberung Sevillas unter Beweis stellen, an der er als muslimischer Vasall des christlichen Königs teilnahm. Diese strategische Unterwerfung bildete die Grundlage für das Überleben des muslimischen Königreichs Granada bis zum Ende des 15. Jahrhunderts. Nach seinem Gründer Yūsuf ibn Naṣr wurde es als Nasridenreich bezeichnet.

Der dritte bedeutende Meilenstein der kastilischen Expansion des 13. Jahrhunderts war die Eroberung Sevillas, der Hauptstadt almoravidischer und vor allem almohadischer Macht auf der Iberischen Halbinsel. Die Belagerung zog sich von August 1247 bis November 1248 hin und gelang nur, weil der kastilische König den Zugang zur Stadt über den Fluss mithilfe einer

Flotte blockieren konnte. Die Bedeutung dieser Eroberung wird nicht zuletzt daran erkennbar, dass Ferdinand III. nach seinem Tod im Jahre 1252 in der Kathedrale von Sevilla bestattet wurde. Sein Sohn, Alfons X. (gest. 1284), nahm nicht nur als Prinz an den Kriegszügen gegen Sevilla teil, sondern hatte auch einen wesentlichen Anteil an der Inbesitznahme Murcias (1243–1245, 1248), des vierten Meilensteins kastilischer Expansion. Die Königreiche Murcia, Córdoba, Sevilla und Jaén wurden nun offiziell der Titulatur der Könige von Kastilien und León hinzugefügt.

Nach der Eroberung der Gebiete um den südlich von Sevilla gelegenen Unterlauf des Guadalquivir einschließlich der Küstenstädte Cádiz, Jeréz de la Frontera und Alcanatif (umbenannt in Puerto de Santa Maria) war das Königreich Kastilien zwischen 1260 und 1264 bis an den Atlantik und durch die Einnahme Murcias auch bis an das Mittelmeer ausgedehnt worden. Das zwischen diesen beiden nun zu Kastilien gehörenden Küstenregionen liegende, rund 30 000 km² umfassende Territorium nahm das erwähnte lehnsabhängige, muslimische Reich von Granada ein. Damit hatte Kastilien-León sein Territorium in rund vier Jahrzehnten um 120 000 km² und damit um fast 50 Prozent vergrößert. Dieser Erfolg blieb nicht ohne Reaktion: Ein großer Aufstand der unterworfenen Muslime in den Jahren 1264 bis 1266 erwies sich jedoch als erfolglos und führte zur Vertreibung einer großen Anzahl der Unterlegenen. Das christlich beherrschte Andalusien sollte fortan keine nennenswerte muslimische Bevölkerung mehr aufweisen.

Flankiert wurde die christliche Expansion des 13. Jahrhunderts durch die Werke zeitgenössischer Autoren. Diese lassen das ideologische Fundament der Eroberungen erkennen, das seine Wurzeln an den Königshöfen und in kirchlichen Kreisen hatte. Im Königreich Kastilien griffen die Bischöfe Rodrigo Jiménez de Rada von Toledo (gest. 1247) und Lucas von Tuy (gest. 1249), später auch ein Schreiberkonsortium am Hof König Alfons' X. das an der Wende zum 9. Jahrhundert entstandene asturisch-leonesische Deutungsmuster auf: Demnach hätten die Westgoten aufgrund ihrer Sündhaftigkeit Herrschaft und Freiheit verloren, nun jedoch sei die göttliche Strafzeit abgelaufen und der Moment eingetreten, die christliche Herrschaft zu «restaurieren» und Freiheit wie Ehre der Versklavten wiederherzustellen. Hier ist die vollständig entwickelte Ideologie einer christlichen «Reconquista» zu erkennen.

Für den Osten der Iberischen Halbinsel wiederum besitzen wir ein Zeugnis aus erster Hand, die erste ausführliche Autobiografie eines christlichen Herrschers des Mittelalters, in der über die kriegerischen Auseinandersetzungen zwischen Christen und Muslimen berichtet wird. Gegen Ende seines Lebens schrieb oder diktierte König Jakob I. von Aragon (gest. 1276) einen «Tatenbericht», den *Llibre dels Fets*, in dem er unter anderem die Kriegszüge schildert, die ihm den Beinamen «der Eroberer» einbringen sollten. 1213 als fünfjähriges Kind auf den Thron gekommen, entfaltete Jakob nach seiner Volljährigkeit – nicht zuletzt zur Durchsetzung und Sicherung seiner Herrschaft im Inneren – zwischen 1228 und 1248 intensive militärische Aktivitäten gegen die «dritten Taifenreiche» von Valencia und Mallorca.

Sein erstes Ziel war Mallorca, das er im Jahre 1229 angriff. Getragen wurde dieser mit großer Härte durchgeführte Angriff vor allem von katalanischen Truppen. Im Unterschied zum Vorgehen der kastilischen Könige und auch zur späteren Praxis Jakobs I. wurden die Muslime nach der siegreichen Schlacht von Porto Pi (12. September 1229), der Einnahme der Hauptstadt (dem heutigen Palma de Mallorca) am 31. Dezember 1229 und der Unterwerfung der Insel in den folgenden drei Jahren weitgehend vertrieben oder versklavt. 1235 folgte die Eroberung und Besiedlung Ibizas durch ein Konsortium katalanischer Adliger und Bischöfe, während Menorca erst als tributpflichtiger Vasallenstaat fortbestand, dann jedoch 1287 unter fadenscheinigen Vorwänden in Besitz genommen werden sollte. Die dort ansässige muslimische Bevölkerung wurde zum größten Teil in die Sklaverei verkauft.

Als deutlich langwieriger erwies sich die Eroberung des mächtigen Reiches von Valencia, die sich in mindestens drei Phasen über einen Zeitraum von 15 Jahren vollzog. An ihr und der nachfolgenden Besiedlung beteiligten sich nicht nur katalanische, sondern auch aragonesische Truppen. Zwar konnte die gleichnamige Hauptstadt im Jahre 1238 auf Grundlage eines Kapitulationsvertrages eingenommen werden, doch dauerte es mindestens weitere sechs Jahre, bis auch das Hinterland scheinbar unter die Kontrolle des Königs gebracht wurde. Tatsächlich aber brachen schon bald verschiedene Revolten aus, die mühsam niedergeschlagen bzw. überwunden wurden. Dies gelang nur mit Hilfe verschiedener Kapitulationsverträge, welche den Muslimen weitgehende Rechte und die Ausübung ihrer Religion zugestanden. Diese Form der Expansion sollte die Gesellschaft, die Wirtschaft und die Kultur vor allem des südlichen Valencias stark prägen: Bis zum Ende des Mittelalters wies diese Region eine große Anzahl muslimischer Gemeinden auf. Die beiden wesentlichen Eroberungsgebiete wurden als eigenständige Königreiche Mallorca und Valencia in die Krone Aragon eingegliedert.

Gab es eine islamische «Reconquista»?

Die außerordentlichen militärischen Erfolge christlicher Königreiche im 13. Jahrhundert und die Tatsache, dass die gesamte Iberische Halbinsel am Ende des Mittelalters nicht nur vollständig unter christliche Herrschaft fiel, sondern bis zum heutigen Tage nie wieder muslimisch beherrscht wurde – all dies hat die Frage verdeckt, ob es nicht auch eine muslimische «Reconquista» gegeben hat.

Bekanntlich gehört der Dschihad zu den wesentlichen Verpflichtungen eines jeden Muslims. Doch verbirgt sich hinter dem schillernden und häufig auch missbrauchten Begriff mehr als der Aufruf zum bewaffneten Kampf mit dem Ziel einer Ausdehnung oder Verteidigung des Islam. Vielmehr ist für jedes Individuum der «große Dschihad», das «Streben» nach religiöser Vervollkommnung, verpflichtend, das keineswegs notwendigerweise gewaltsam vonstattengehen muss. Unbestritten ist aber auch, dass im östlichen Mittelmeerraum spätestens seit dem 12. Jahrhundert auf der Grundlage älterer Vorstellungen des Dschihad die Ideologie eines bewaffneten Glaubenskampfes einen Aufschwung erfuhr, die in der Folge weiterentwickelt wurde und bis auf den heutigen Tag große Wirksamkeit entfaltet.

Ist aber der Dschihad als eine «Reconquista» zu bezeichnen? Es liegt in der Natur wechselnden Kriegsglücks, dass Kriegsparteien Gebietsverluste erleiden und deren Rückeroberung anstreben. Doch kannte die muslimisch beherrschte Welt, kannte der Islam auch die religiöse Verpflichtung zur Rückeroberung, vielleicht sogar zur Rückeroberung eines Heiligen Landes? Zu Beginn der islamischen Expansion gab es unter den muslimischen Autoren eine solche Überlegung nicht. Doch in der Folge wurde durch erfolgreiche Offensiven nichtmuslimischer Gegner in der Tat die Grundlage für eine derartige Ideologie geschaffen. Die byzantinische Expansion des 10. Jahrhunderts, die normannische Eroberung Siziliens oder die Kreuzzüge in die Levante waren dafür verantwortlich, dass eine entsprechende Argumentation entstand. Christlichen Autoren nicht unähnlich, argumentierten islamische Gelehrte, dass ehemals muslimisch beherrschte Gebiete ihre Zugehörigkeit zum islamisch beherrschten Raum nie wirklich verlören und daher unbedingt wieder darin einzugliedern seien. In der einschlägigen modernen Forschungsliteratur wird diese Denkfigur häufig verkürzend als «Counter-Crusade» bezeichnet. In Palästina beispielsweise bereitete die Heiligkeit Jerusalems – bzw. von al-Quds, wie die Stadt in der arabischen Welt heißt – den Boden für die Vorstellung, Palästina sei ein heiliges, wiederzueroberndes Land. Aber findet sich diese Vorstellung auch auf der Iberischen Halbinsel?

In der fast 800-jährigen Geschichte des islamischen al-Andalus gab es immer wieder Phasen, in denen verlorenes Terrain wiedergutgemacht wurde. Die Kriegszüge des Almansor waren eher Razzien (von arab. *ġazwa*) bzw. *aceifas* (vom andalusischen Arab. *ṣāʾifa*, Sommerexkursion) als wirkliche Eroberungen. Aber die militärischen Erfolge der Almoraviden und der Almohaden brachten substantielle Landgewinne, die mit Fug und Recht als Rückeroberungen angesehen werden können, selbst wenn sie aus der Rückschau nicht von langer Dauer waren. Aus Sicht des Herrschers ʿAbd al-Muʾmin (gest. 1163) zum Beispiel war die almohadische Expansion Teil eines allgemeinen islamischen Dschihād, der die Christen an verschiedenen Fronten zurückdrängen sollte. In der Tat wurde unter den Almohaden die Grenze zu den christlichen Nachbarn erfolgreich nach Norden bis an den Tajo vorgeschoben.

Aber die muslimischen Autoren der Iberischen Halbinsel bezeichneten die beträchtlichen Gebietsgewinne, welche al-Andalus infolge der almoravidischen und der almohadischen Expansion erfuhr, bestenfalls als Wiederherstellung ehemaliger Herrschaftsverhältnisse, nicht jedoch als Wiedererlangung eines religiös aufgeladenen, «geheiligten» Landes. Die muslimische Eroberung der Iberischen Halbinsel war durch eine Reihe von Erzählungen zwar nachträglich providenzialistisch aufgeladen worden, so dass das im 8. Jahrhundert errichtete Umayyadenemirat und spätere -kalifat von Córdoba auf diese Weise eine Aufwertung erfuhr und nach dessen Untergang seine Wiederherstellung ein Fernziel iberischer und nordafrikanischer Muslime blieb. Noch im späteren Mittelalter wurde dies, etwa im 14. Jahrhundert von den Meriniden mit Blick auf ihre Kriegszüge, so formuliert, weshalb sich durchaus Parallelen zum christlichen Restaurationsgedanken erkennen lassen. Der langfristige Misserfolg muslimischer Bemühungen um Rückeroberung und die moderne geschichtswissenschaftliche Beschränkung des «Reconquista-Konzepts» auf christliche Akteure sollten den Blick vor diesen Ähnlichkeiten nicht verschließen.

Aber eine Sakralisierung des Landes, wie es in Palästina aufgrund der Heiligkeit von al-Quds / Jerusalem möglich war, erfolgte in al-Andalus nicht in dem Maße, wie sie von christlichen Autoren der Iberischen Halbinsel betrieben wurde. Islamische Rechtsgelehrte diskutierten die Frage, ob Glaubensbrüder und -schwestern unter christlicher Herrschaft leben dürften oder das Land nach der Herrschaftsübernahme durch Andersgläubige zu verlassen hätten. Über dessen Heiligkeit äußerten sie sich nicht. Auf der Iberischen Halbinsel wurde der Kampf ganz wesentlich im Zeichen des Dschihad geführt, die Rückeroberung also letztlich zur religiösen Pflicht eines Muslims erklärt, gegen die Feinde des wahren Glaubens vorzugehen.

7. Grenzkriege und Grenzgesellschaften (ca. 1260–1480)

Die Nasriden und ihre erfolgreiche Schaukelpolitik

Nach den bedeutenden Gebietsgewinnen der Christen im 13. Jahrhundert war das muslimisch beherrschte Territorium auf das Königreich Granada reduziert worden, das von dem Geschlecht der Nasriden regiert wurde. Mit gewissem Recht könnte man behaupten, dass bereits um 1260 die gesamte Iberische Halbinsel unter christlicher Herrschaft stand, hatte sich das Nasridenreich doch in Lehnsabhängigkeit zum Königreich Kastilien begeben. Wenn dennoch gemeinhin der Abschluss der «Reconquista» mit der Eroberung dieses Herrschaftsgebildes durch christliche Truppen im Jahre 1492 datiert wird, dann aus drei Gründen: Erstens kündigten die Nasriden die Lehnsabhängigkeit zu Kastilien immer wieder auf, wenn es ihnen politisch oder militärisch opportun erschien. Zweitens stützten sie sich dabei wesentlich auf eine andere muslimische Macht jenseits der Meerenge von Gibraltar – das Merinidenreich –, welche die Herrschaft der Christen im Süden der Iberischen Halbinsel durchaus infrage stellte. Drittens brachte sowohl dieses politische und militärische Spannungsverhältnis als auch die Tatsache, dass sich dort ein christlich und ein muslimisch beherrschtes Reich gegenüberstanden, eine Grenze hervor, die über Jahrhunderte hinweg besonders gewaltsam umkämpft war. Auf die besondere Beschaffenheit dieser Grenze (span. *frontera*) soll noch gesondert eingegangen werden. An dieser Stelle gilt es, die ersten beiden Faktoren – die Auseinandersetzungen der Nasriden und Meriniden mit den christlichen Reichen der Iberischen Halbinsel in den etwas mehr als zwei Jahrhunderten von 1260 bis 1480 – zu skizzieren.

Das Nasridenreich von Granada war dicht bevölkert und durch günstige natürliche Gegebenheiten gekennzeichnet: Hohe Berge im Norden bildeten für eine Reihe fruchtbarer Ebenen

Schutz vor den christlich beherrschten Gebieten, darüber hinaus verfügten die Nasriden über einige günstig gelegene Hafenstädte (insbesondere Almería und Málaga). Allerdings gab es auch verschiedene Stellen, an denen das Reich verwundbar war: Vor allem die Meerenge von Gibraltar und die Grenzgebiete im Nordwesten boten Eindringlingen einen verhältnismäßig leichten Zugang. Deshalb mussten diese Randregionen mit Hilfe einer Vielzahl von Burgen und anderen Befestigungen (arab. *ḥiṣn*, Plur. *ḥuṣūn*), von denen einige Bauwerke noch heute eindrucksvolle Zeugnisse mittelalterlicher Befestigungskunst abgeben (die Burgen von Moclín, Alcalá la Real u. a. m.), gesichert werden. Im Vergleich zu dem verhältnismäßig stark bevölkerten Nasridenreich waren die nördlich angrenzenden christlichen Gebiete eher dünn besiedelt und geringer urbanisiert.

Bis zum Ende des 15. Jahrhunderts bestimmte in Granada die Dynastie der Nasriden die Geschicke des Reiches. Unter ihrer Herrschaft stieg es nach einer Phase der mühsamen Stabilisierung in den letzten Jahrzehnten des 13. Jahrhunderts zu einem der wesentlichen Protagonisten im westlichen Mittelmeerraum des Spätmittelalters auf: Insbesondere in der zweiten Hälfte des 14. Jahrhunderts hatte sich das Nasridenreich von Granada zu einem kulturell hochstehenden, wirtschaftlich prosperierenden und politisch stabilen Gemeinwesen entwickelt, das vor allem unter der Regierung Sultan Yūsufs I. (gest. 1354) und seines Sohnes Muḥammad V. (gest. 1391) Jahrzehnte relativen Friedens und großer Prosperität genoss. Zu jener Zeit entstanden der größte Teil des weltberühmten Alhambrapalastes in Granada und eine Vielzahl von Schulen (arab. *madrasa*, Plur. *madāris*). Die Kunstfertigkeit und Kultur unter dieser Dynastie strahlte weit über ihre Hauptstadt hinaus, wie zum Beispiel der im nasridischen Stil und teilweise von muslimischen Handwerkern errichtete Palast der christlichen Könige von Kastilien in Sevilla eindrucksvoll zeigt. An diesem Bau und anderen künstlerischen Hinterlassenschaften der Zeit lässt sich eine die Religionsgrenze überwindende höfische Kultur der iberischen – christlichen wie muslimischen – Königreiche beobachten. Sie fand ihren Ausdruck auch in gemeinsamen Turnieren oder wurden dadurch offenbar, dass sich streitende christliche Adlige an den Nasridenhof begaben, um ihre Duelle vor den Augen des Sultans auszutragen oder ihren Streit von diesem schlichten zu lassen. Flankiert wurde die gemeinsame Hofkultur punktuell durch militärische und politische Kooperation, am konsequentesten seitens Sultan Muḥammad V. zugunsten König Peters I. von Kastilien (gest. 1369). Diese Phase relativer Stabilität des Nasridenreiches endete an der Wende zum 15. Jahrhundert, als nach dem Tod Muḥammads V. Streitigkeiten um seine Nachfolge ausbrachen. Die Spannungen kündigten die wechselhaften und unruhigen Jahrzehnte der Folgezeit an, die geprägt sein sollten von vielfältigen Hofintrigen und Herrscherwechseln. Aufgrund der schlechten Quellenlage ist es sehr schwer, einen genauen Einblick in die komplexen Machtverhältnisse jener Zeit zu gewinnen. Um die Macht rangen führende Clans im Reich, unter denen die Banū al-Sarrāǧ (span. Abencerrajes) mit ihren Intrigen und wechselnden Allianzen eine bedeutende, aber auch besonders unheilvolle Rolle spielten.

Das Verhältnis der Nasriden zu den christlichen Reichen der Iberischen Halbinsel ist ohne den weiteren politischen Kontext des Mittelmeerraums nicht zu verstehen, bestimmten diese Zeit doch wesentlich die Rivalitäten und wechselnden Bündnisse der christlichen und muslimischen Mächte in der Region. Dabei war die Religion keineswegs die einzige und noch nicht einmal die entscheidende Trennungslinie. Denn ebenso wie christliche iberische Mächte in starker Konkurrenz zu anderen europäischen Reichen (Frankreich, dem Königreich Neapel, Genua, Venedig etc.) standen, konkurrierten die Nasriden und Meriniden mit den Hafsiden im heutigen Tunesien und den weiter östlich herrschenden Mamluken in Ägypten.

Daher war die Haltung der christlichen Reiche gegenüber den Nasriden keineswegs eindeutig. Einerseits wurden sie, durchaus unter Rückgriff auf Kreuzzugsrhetorik und antimuslimische Propaganda, bekämpft, andererseits jedoch zogen die Herrscher des Nordens beträchtlichen wirtschaftlichen Nutzen aus nasridischen Tributzahlungen, die eine wichtige Einnahmequelle gerade des Königreichs Kastilien darstellten. Außerdem erwies sich Granada immer wieder als nützlicher militärischer Bündnispartner. Daher dürfte manchen christlichen Entscheidungsträgern das letzte muslimische Reich auf der Iberischen Halbinsel lebend wertvoller erschienen sein als tot.

Im Übrigen sahen die Christen lange weniger die Nasriden als die Meriniden als mächtigste und bedrohlichste muslimische Macht in der Region an. Der Verband von Zanāta-Berbern aus dem Nordosten des Atlasgebirges, der sich nach einem berühmten Vorfahren als «Söhne des Marīn» (arab. Banū Marīn, Meriniden) benannte, eroberte 1269 Marrakesch von den Almohaden und erhob Fes zu seiner Hauptstadt. Bis ins 15. Jahrhundert sollten die Meriniden das heutige Marokko beherrschen. Sie befolgten nicht wie die Almoraviden oder Almohaden eine konkrete religiöse Agenda, inszenierten aber bei Prozessionen, Inthronisierungen etc. öffentlich ihre muslimische Orthodoxie und zelebrierten sich als Vorkämpfer des Dschihad gegen die Christen des Nordens. In den rund 70 Jahren zwischen ihrer Machtergreifung und ihrer schweren Niederlage gegen ein kastilisch-portugiesisches Heer in der Schlacht am Fluss Salado am 30. Oktober 1340 zogen sie mehrfach gegen die Christen zu Felde, mit denen sie um die Herrschaft über die Meerenge von Gibraltar rangen. Ebenso gingen sie jedoch zeitweilig Bündnisse mit Kastilien und Aragon ein – mitunter sogar gegen das muslimische Granada. Nach der Niederlage am Salado zogen sie sich aufgrund interner Spannungen weitgehend aus den Machtkämpfen auf der Iberischen Halbinsel zurück.

Mit dem Rückzug der Meriniden verloren die Nasriden einen potenziellen Bündnispartner. Bis dahin hatten diese ihnen bei ihrer Schaukelpolitik zwischen mächtigen Nachbarn gute Dienste geleistet. Denn in Granada wusste man geschickt, verschiedene schwierige Herausforderungen auszutarieren: die Unabhängigkeit gegenüber Kastilien zu sichern und gleichzeitig konkurrierende Mächte im Inneren zu neutralisieren, die Meriniden einerseits fern vom Süden der Iberischen Halbinsel zu halten und sie andererseits nicht zu Feinden zu machen, sowie fremde militärische Kontingente einzubinden, ohne ihnen zu viele Freiheiten zu geben. Während der Regierungszeit Muḥammads II. (gest. 1302) wurde ein Wechselspiel aus teils langjährigen Waffenstillständen und punktuellen Kriegszügen betrieben. Diese Taktik setzten auch seine Nachfolger fort. Zwischen 1350 und 1460 herrschten 85 Jahre lang Frieden und 25 Jahre lang Krieg zwischen Kastilien und den Nasriden. Gegenüber Andersgläubigen setzte sich Granada dabei keineswegs vollständig ab: So avancierten die Genuesen zu wichtigen Handelspartnern, die sogar eigene Niederlassungen in Málaga, Almeria und Granada unterhalten und von dort granadinische Produkte und Rohstoffe exportieren durften. Zudem verblieben einige wenige jüdische Gemeinden im Nasridenreich.

Zugleich nutzten die Herrscher in Granada ihre Auseinandersetzungen mit christlichen Mächten auch dazu, ihre Position gegenüber der muslimischen Bevölkerung zu stärken. Diese Kriege gegen die Christen wurden nicht unwesentlich von fremden Kämpfern geprägt. Dazu zählten nicht nur Flüchtlinge aus den von Christen eroberten Gebieten, sondern in starkem Maße auch freiwillige Dschihadkämpfer (arab. *ġāzīs*) aus Nordafrika, die offenbar in Gruppen ins Land kamen und als Grenzkrieger (arab. *ġuzāt*) aktiv waren. Von populären Formen des Sufismus beeinflusst, waren sie den zeitgenössischen christlichen Kämpfern der Ritterorden nicht unähnlich. Verbände nordafrikanischer Zanāta-Berber, die sich ebenfalls als *ġāzīs* bzw. *ġuzāt* verstanden zu haben scheinen, bildeten nicht zuletzt auch das Rückgrat des regulären Heeres der Nasriden.

Es ist hier weder möglich noch nötig, die in ihren Grundzügen skizzierten instabilen Allianzen und das wechselnde Kriegsglück muslimischer und christlicher Mächte in Südspanien chronologisch und in allen Einzelheiten nachzuerzählen. Als Beispiel für die Wechselfälle eines umkämpften strategischen Knotenpunkts mag an dieser Stelle die Halbinsel Gibraltar dienen: Im Jahre 1309 wurde sie von aragonesischen Truppen erobert, 333 jedoch von den Meriniden zurückerobert, nur um 1374 an die Nasriden zu fallen, die sie 1410 für ein Jahr an die Meriniden und schließlich 1462 endgültig an die Kastilier verloren. Beim Ringen um Gibraltar erwies es sich als nachteilig, dass die Nasriden nie eine bedeutende eigene Flotte bauten.

Insgesamt indes verstand es das Königreich Granada, sich unter Ausnutzung seiner natürlichen Gegebenheiten lange erfolgreich militärisch zu verteidigen. Und immer wieder gingen die Herrscher sogar in die Offensive über: Nasriden unterstützten 1264 den Aufstand von Glaubensbrüdern in den christlichen Herrschaftsgebieten, fielen 1296 nach Abschluss eines Bündnisses mit Aragon in Kastilien ein, griffen 1306 Sabta (span. Ceuta) an, besiegten 1319 in der Vega von Granada ein kastilisches Invasionsheer vernichtend, unternahmen 1361 einen Kriegszug gegen Córdoba und konnten 1369 al-Ǧazīra (Algeciras) erneut ihrem Staatsgebiet einverleiben usw. Die Geschichte des Nasridenreichs ist keineswegs nur von Niedergang geprägt, sondern vor allem von unbeständigem Kriegsglück, bei dem Ortschaften und Grenzbefestigungen regelmäßig den Besitzer wechselten.

Zwietracht unter den Christen

Mehrfach kamen äußere Umstände den Nasriden zu Hilfe, etwa die als Schwarzer Tod in die Geschichte eingegangene große Pestepidemie von 1348–1349, welche das Königreich Kastilien besonders stark traf. In erster Linie aber profitierten die Muslime des Südens von den inneren Streitigkeiten christlicher Herrscher des Nordens. Der sogenannte «Krieg der beiden Peter» zwischen Kastilien und Aragon sowie der danach ausbrechende kastilische Bürgerkrieg, aus dem erst nach langen Jahren die Trastámara als neue Herrscherdynastie hervorgingen, nahmen die Aufmerksamkeit der kastilischen Eliten in Anspruch. Die Kämpfe innerhalb des Hochadels taten im 15. Jahrhundert ihr Übriges, sodass trotz der inneren Wirren, die das Nasridenreich zu jener Zeit erschütterten, dessen Grenzen im Wesentlichen erhalten blieben. Lediglich einige Kriegszüge des beginnenden Jahrhunderts hatten den dauerhaften Verlust einzelner Grenzorte zur Folge. Hervorzuheben sind die unter Einsatz moderner Artillerie erfolgten Eroberungen von Zahara (1407) und Antequera (1410) durch die Kastilier unter Ferdinand von Trastámara (gest. 1416).

Aufgrund dieser Erfolge ließen sich die Sieger als Vorkämpfer des Christentums feiern, wie überhaupt im Zusammenhang mit den Kriegen gegen das Königreich Granada im Mittelalter durchaus der Kreuzzugsgedanke aufgriffen wurde. An einzelnen Unternehmungen wie etwa der Belagerung von Algeciras 1343–1344, bei der sich navarresische sowie französische und englische Kreuzfahrer beteiligten, oder der Eroberung der Stadt Sabta (Ceuta) aus der Hand der Meriniden (1415) nahmen ausländische Kämpfer teil. Umgekehrt riefen auch die Nasridensultane über die Grenzen ihres Reiches hinweg zum Dschihad auf und zogen dadurch Freiwillige und ganze Truppenkontingente aus Nordafrika an, so in den 1360er-Jahren vom Sultan von Tlemcen (arab. Tilimsān).

Dass auch ältere Rückeroberungsvorstellungen ehemals christlicher Gebiete selbst im späteren Mittelalter und mit Blick auf den Norden Afrikas aktiviert wurden, zeigen die Worte des Franziskaners Álvaro Pelayo (gest. 1350). Dieser argumentierte historisch mit der Vandalenherrschaft des früheren Mittelalters und behauptete, Nordafrika gehöre rechtmäßig den kastilischen Königen als Nachfahren der Goten. Ganz in diese ältere Vorstellungswelt passt auch, dass im Vorfeld des Vertrags von Monteagudo 1291 Jakob II. von Aragon (gest. 1327) und Sancho IV. von Kastilien (gest. 1295) Eroberungs- und Einflusszonen in Nordafrika zwischen Aragon und Kastilien aufteilten. Diese Expansionsideologie wurde auch propagandistisch eingesetzt: So nutzten die christlichen Könige der Iberischen Halbinsel ihre Kämpfe gegen islamische Reiche, um ihre Position gegenüber ihren Konkurrenten im restlichen Europa zu stärken. Auf dem Konzil von Basel etwa wurde im Jahre 1435 die Vorrangstellung des kastilischen Königs gerade mit dessen militärischen Anstrengungen gegen islamische Reiche begründet.

Tatsächlich allerdings waren in dieser Zeit die größten Feinde der christlichen Herrscher auf der Iberischen Halbinsel nicht die Nasriden oder Meriniden, sondern eindeutig ihre christlichen Nachbarn bzw. die Hochadligen in den jeweiligen eigenen Reichen. Aragon und Kastilien waren bis ca. 1470 so sehr mit inneren Querelen beschäftigt, dass sie im 15. Jahrhundert kaum offene Kriege gegen die Nasriden führten. Vielmehr wurde der Grenzkrieg vor allem von lokalen Adligen und städtischen Milizen getragen, und auch dies keineswegs konsequent: Als Beispiel sei der Fall des Alonso Fajardo, genannt el Bravo (gest. 1463), angeführt, der mal mit granadinischen Truppen gegen christliche Konkurrenten kämpfte, mal gegen genau diese Muslime Krieg führte und sich zwischenzeitlich auch gegen seinen König (Heinrich IV., gest. 1474) erhob. Für solche schillernde Figuren bot die *frontera*, die Grenze zwischen al-Andalus und den christlichen iberischen Reichen, besonders vielfältige Karrieremöglichkeiten.

«Heiße Grenze» oder Zone des Austauschs?

Die folgenden Überlegungen zur *frontera* können auf den in den letzten Jahrzehnten intensiv betriebenen spanischen Forschungen zum Lebensalltag an der Religionsgrenze aufbauen. In kritischer Anlehnung an das von dem amerikanischen Historiker Frederick Jackson Turner (gest. 1932) entwickelte Konzept der «Frontier Society» wird aufgezeigt, wie Christen und Muslime auf beiden Seiten dieses Grenzsaums spezifische Lebensformen entwickelten. Die permanente Gefahr durch Raubzüge, der intensive Kontakt zu Andersgläubigen und die Notwendigkeit, Instrumente zur Einhegung alltäglicher Gewalt zu entwickeln, ließen eine Gesellschaft entstehen, die sich grundlegend von denen des jeweiligen islamischen oder christlichen Binnenlandes unterschied.

Auf keine anderen Grenzgebiete des mittelalterlichen Europas ist das Forschungsparadigma der «Frontier Society» in den letzten beiden Jahrzehnten konsequenter angewendet worden als auf diejenigen der Iberischen Halbinsel. Ein besonders eingängiges Beispiel für den Gegenwartsbezug dieser Grenzforschung liefert Andalusien. Man erkannte, dass die geographische Nähe zu und die historische Verbindung mit der islamischen Welt ein einzigartiges Merkmal der Region ist und argumentierte, dass diese besondere Beziehung im Herzen einer spezifischen andalusischen Identität liege. Aus diesem Grunde wurde wiederum die Erforschung der andalusischen Grenze zwischen den Königreichen Kastilien und Granada begünstigt.

Um die iberische *frontera* zu verstehen, ist es vorab notwendig zu definieren, was eine Grenze ist und wozu sie dient. Da es auf diese Fragen keine einfachen Antworten gibt, seien hier kurz verschiedene Positionen umrissen:

1) Eine Grenze darf nicht nur als gerade Trennlinie im Raum und als Abschluss zweier politischer Gebilde gesehen, sondern sollte vor allem auch als Abschottung von Großgruppen nach außen verstanden werden. Wo sie endet, beginnt das Fremde. Nach dieser Lesart hat die Grenzthematik eine identitätsstiftende und damit eine fremdheitsgeschichtliche Dimension. In der Tat trug und trägt die Grenze dazu bei, Eigenes und Fremdes, Wir und Sie voneinander zu scheiden; sie wirkt auf die Vorstellungswelt derer, die sie umschließt. Gerade die Glaubensgrenze trug im Mittelalter wesentlich zur Selbstkonstruktion in Absetzung vom Anderen bei.

2) Dies ist besonders bei der Zivilisationsgrenze der Fall, die beispielsweise für die Geschichte der Vereinigten Staaten von Amerika in Absetzung von der indigenen Bevölkerung in Anschlag gebracht wurde und dort bis zum heutigen Tage wirksam geblieben ist. Viele Elemente dieses als «Frontier-These» bekannten Konzepts haben einer kritischen Überprüfung nicht standgehalten, und dennoch wirkt sie fort. So wurde sie auch auf die Iberische Halbinsel des Mittelalters übertragen. Doch ist überdeutlich, dass die Grenze zwischen den christlichen mittelalterlichen Herrschaften und den oftmals urbanen, zivilisatorisch hoch entwickelten Gesellschaften in al-Andalus auf keinen Fall als Zivilisations- oder gar als Barbarengrenze verstanden werden kann.

3) Schließlich bilden Grenzen auch eine Übergangszone von einem Territorium zum anderen. Selbst die am heißesten umkämpfte Grenze war durch Perioden des Friedens gekennzeichnet, und jüngere Untersuchungen haben gezeigt, dass manche bislang als hermetisch angesehene Scheidelinie Durchlässigkeit aufwies.

Wie ist vor diesem Hintergrund die Grenze zwischen al-Andalus und den christlichen Reichen zu beschreiben? Vielleicht hilft uns die Begriffsgeschichte weiter, um die Funktionen der iberischen Grenzen zu begreifen. Im Mittelalter konnten Grenzgebiete mit verschiedenen Begriffen belegt werden. Für die Geschichte der Iberischen Halbinsel sind vor allem die Bezeichnungen «Mark», *ṯaġr* (Plur. *ṯuġūr*) und *frontera* wichtig. Der Begriff der *marca hispanica* findet sich bereits in den lateinischen Quellen der Karolingerzeit des 9. und 10. Jahrhunderts, allerdings bezeichnete er weder einen geschlossenen Grenzsaum eines Reichs noch ein einheitliches, mit eigenem Bewusstsein ausgestattetes Territorium. Diese beiden Interpretationen wurden jedoch über lange Zeit von der französischen und der katalanischen Forschung vertreten, um die Ansprüche Frankreichs auf pyrenäische Gebiete historisch zu legitimieren bzw. um die *marca hispanica* als ein bereits vollständig vorgebildetes, frühes Katalonien darzustellen. Tatsächlich besaß die *marca* für die Begriffsgeschichte christlich-islamischer Beziehungen eine weit geringere Bedeutung als die Bezeichnungen *ṯaġr* und *frontera*.

Erstere bezeichnete ein oftmals autonomes, in seiner geographischen Beschaffenheit variables Grenzgebiet, in dem militärische und zivile Autorität nicht voneinander getrennt waren. Im umayyadischen al-Andalus existierten einige wenig besiedelte *ṯuġūr* wie zum Beispiel die sogenannte «untere Mark» (arab. *ṯaġr al-adnā*) im Westen an der Grenze zu Portugal und León, aber auch stärker bevölkerte und befestigte Grenzgebiete wie der nordwestlich gelegene *ṯaġr al-ʿalā* (die obere oder jenseitige Mark).

Noch verschwommener als *marca* und *ṯaġr* ist die in romanischen Sprachen und im Englischen gebräuchliche Bezeichnung «frontera», «frontière», «frontier». Der Begriff entspringt einem Grenzverständnis, welches stark aus der Gegnerschaft zum oder zumindest der Absetzung vom Anderen, jenseits der Grenze Befindlichen erwächst. Auf der Iberischen Halbinsel weist die *frontera* zwei Merkmale auf. Zum einen ist sie als Religionsgrenze zu verstehen, die in den iberischen Quellen besonders häufig das Grenzgebiet zum Islam bezeichnet. Zum anderen war die *frontera* nicht statisch, sondern bewegte sich im Raum abhängig von der militärischen Lage mal vorwärts, mal zurück – auch wenn sie auf lange Sicht von den Christen der Iberischen

Halbinsel letztlich vorangeschoben wurde. Mit der Zeit benannte die Bezeichnung eine zunehmend klar gezogene, auch befestigte Grenzlinie zwischen Gebieten, die von Christen, und solchen, die von Muslimen beherrscht wurden. In erster Linie wird der Begriff mit dem Grenzraum zwischen dem Königreich Kastilien und dem Nasridenreich von Granada in Verbindung gebracht.

Wie gestaltete sich aber das alltägliche Leben in diesen Grenzregionen? Hierüber gehen die Meinungen auseinander. Grob gesprochen kann man zwei Denkrichtungen unterscheiden. Die erste Schule, man könnte sie als «Schule des Grenzstreits» bezeichnen, betont die vielfältigen Auswirkungen, die die Nähe eines erklärten und militärisch aktiven Feindes auf die Grenzgesellschaften hatte. Die Unwägbarkeit der Grenze habe zum Beispiel Viehhaltung gegenüber anderen Formen der Landwirtschaft begünstigt, und die ständige Gefahr von Angriffen und Gefangenschaft hätte nicht nur ein Klima der Angst und Wachsamkeit, sondern auch eine extrem gewalttätige und raue Gesellschaft hervorgebracht.

In der Tat war und ist Grenzkrieg auch in der Gegenwart durch schmutzige und brutale Gewalt gekennzeichnet, die der ländlichen Bevölkerung auf beiden Seiten der Grenze große Not bereitet. Die von Christen wie Muslimen gleichermaßen unternommenen berittenen Beutezügen – die *cabalgadas* oder *entradas* der kastilischen, die *ġazwāt* bzw. *aceifas* der muslimischen Seite – und die Verschleppungen durch grenzüberschreitende Räuber finden immer wieder Erwähnung in den Quellen, insbesondere in den städtischen Dokumenten Kastiliens. Die Überlieferung von Morón de la Frontera aus dem 14. und 15. Jahrhundert zum Beispiel vermittelt einen lebendigen Eindruck von den zahlreichen Angriffen und Gegenangriffen, die hauptsächlich mit dem Ziel begangen wurden, Vieh zu rauben oder Menschen zur Erlangung von Lösegeld zu kidnappen. Quellen wie diese sind so zahlreich, dass die Grenze zwischen Granada und Kastilien in der Forschung durchaus berechtigt als «heiße Grenze» (span. *frontera caliente*) bezeichnet worden ist. Eine endlose Reihe von Waffenstillständen (span. *treguas*) wurde geschlossen, aber auch immer wieder gebrochen.

Nicht zufällig bedurfte es attraktiver rechtlicher Anreize, um Menschen in diese Grenzräume zu locken, und besonderer politisch-militärischer Selbständigkeit, um dort zu bestehen. Diese konkreten lebensweltlichen Bedingungen hätten auf der Iberischen Halbinsel eine eigene, neue Grenzgesellschaft geschaffen, so argumentieren die Verfechter der Theorie der «heißen Grenze»: eine «society organized for war», die charakteristische Formen städtischen und wirtschaftlichen Zusammenlebens pflegte. Der Konflikt habe also eine spezifische Gesellschaftsform entstehen lassen, die ganz eigene Legenden, Lieder und Kulte der Grenze hervorbrachte.

Neben dieser, den Antagonismus betonenden Deutung des Grenzraums existiert aber eine, ebenso durch Quellen abgestützte Gegenerzählung. Diese Schule, man könnte sie die «Schule der Grenzharmonie» im Gegensatz zur «Schule des Grenzstreits» nennen, hat unter Historikern, insbesondere in den Vereinigten Staaten von Amerika, inzwischen beträchtlich an Boden gewonnen. Während einige ihrer Anhänger eine einseitige und allzu idyllische Sichtweise auf das interreligiöse Zusammenleben einnehmen, ignorieren andere keineswegs die unbestreitbare Aggression und Gewalt an der Grenze. Sie betonen jedoch den Wechsel zwischen Friedens- und Kriegszeiten, und noch wichtiger: Sie benennen Phänomene, die der Vorstellung einer unüberwindlichen Gegnerschaft oder sogar einer endemischen Gewalt zwischen Muslimen und Christen widersprechen.

Vertreter dieser Denkrichtung verweisen auf Einrichtungen, die genau dazu dienten, die nachteiligen Auswirkungen interreligiöser Gewalt einzudämmen. Diese Einrichtungen entstanden im Laufe des 14. Jahrhunderts an der iberischen Grenze und bildeten ein komplexes System der Konfliktbewältigung. Vereinzelt ist belegt, dass muslimische und christliche Richter damit beauftragt wurden, in strittigen Fragen gemeinsam Recht zu sprechen. Diese als «Richter zwischen Christen und Muslimen» oder «Richter der Klagen» (span. *alcaldes entre los cristianos y moros* bzw. *jueces de las querellas*) bezeichneten Amtsträger bildeten gemeinsame christlich-muslimische Kommissionen, deren Ziel es war, Streitigkeiten zu lösen, ohne auf Repressalien zurückgreifen zu müssen. Zweifellos muss die Einführung eines solch komplexen Systems als Reaktion auf alltägliche Gewalt, Verschleppung und Diebstahl verstanden werden. Obgleich Zweifel an der Effizienz dieser institutionalisierten gemeinsamen Gerichte geäußert worden sind, zeigen solche Ämter und Institutionen aber unmissverständlich, dass sich die Grenzgesellschaften darum bemühten, Konflikte entlang der Religionsgrenze einzudämmen. Mithin kennzeichneten die Grenze Gewalt und Verhandlungen gleichermaßen. In ähnlicher Weise wurden Grenzzonen zu bestimmten Zeiten und in bestimmten Gebieten einer eigenen Form vertraglich vereinbarter Friedensabkommen unterworfen. Bezeichnenderweise in aragonesischen Quellen als *cartes de germandat* («Diplome der Brüderlichkeit») und in Kastilien als «Nachbarschaftsverträge» (span. *contratos de vecindad*) bezeichnet, wurden diese Vereinbarungen von muslimischen und christlichen Würdenträgern geschlossen, um die Zahl der Eingriffe entlang der *frontera* zu verringern.

Archäologische Überreste, künstlerische Artefakte und schriftliche Quellen dokumentieren darüber hinaus Austauschprozesse zwischen den Grenzgesellschaften. Ein Steuerregister in der bereits erwähnten christlichen Grenzstadt Morón de la Frontera zählt eine erstaunliche Menge an Produkten auf, die als «maurisch» (span. *morisca*) bezeichnet werden oder deren Namen mit der arabischen Vorsilbe «al» beginnen: *almaizares de seda, coronas moriscas con orillas de seda, alhofijas moriscas con orillas coloradas, sábanas moriscas, alfardas de seda moriscas, alfaremes moriscos*. Diese Aufzeichnungen eröffnen Einblicke in den transkulturellen Handel, welcher die Grenzzonen ebenso kennzeichnen konnte wie die Konflikte. So wurden beispielsweise einzelne Grenzpunkte als Zollstellen (sogenannte *puertos secos*) für den Transithandel geöffnet. Selbst Burgen des Ritterordens von Santiago entlang der andalusischen Grenze sind als «Zollburgen» (span. *castillos portazgueros*) benannt worden, da sie als Grenzübergänge zwischen al-Andalus und Kastilien dienten. Dort konnten die Ordensritter also den Zoll für die Waren einkassieren, die zwischen muslimischen und christlichen Territorien hin- und hergeführt wurden. Die vermeintliche Scheidelinie zwischen den Religionen wurde auf diese Weise von Menschen, Wissen und Waren überquert und stellte infolgedessen viele Jahrhunderte lang eine interkulturelle Nahtstelle dar. Die *frontera* war also nicht nur die «Grenze von Etwas», sondern auch die «Grenze zwischen Etwas» und kann als ein wesentlicher Knotenpunkt der europäischen Verflechtungsgeschichte gelten.

Gefangenenloskauf

Sowohl im Christentum als auch im Islam gehört es zu den persönlichen Pflichten aller Gläubigen, hilfsbedürftigen Glaubensbrüdern und -schwestern in aktiver Nächstenliebe zur Seite zu stehen. Bei den Muslimen ist die Almosenvergabe (arab. *zakāt*) eine der fünf Säulen des Glaubens, im Christentum gehörte seit seinen Anfängen die Wohltätigkeit (lat. *caritas*) zu den Grundtugenden. In den Grenzgebieten der beiden Religionen wiederum ragte unter den Werken tätiger Nächstenliebe der Einsatz für Gefangene besonders hervor. Durch Überfälle konnten zu Lande, aber auch zur See Menschen in Gefangenschaft geraten. Die spanischen und portugiesischen Archive enthalten Tausende von Dokumenten, die über die Allgegenwart dieser Gefahr an Küstenorten und in Grenzgebieten Zeugnis ablegen. Um ihre Lieben in die Freiheit zurückführen zu können, benötigten die Angehörigen der Verschleppten hohe Geldsummen sowie großen persönlichen Einsatz. Es erstaunt daher nicht, dass sich verschiedene gesellschaftliche Gruppen auf diesem Felde betätigten.

Im Folgenden soll zuerst mit Blick auf die Kirche und die Krone, danach für die Städte und für den privaten Bereich aufgezeigt werden, dass diese vier Handlungsträger eigene Institutionen und Akteure des Gefangenenloskaufs hervorbrachten. Auch diese sind letztlich Teil einer transkulturellen Geschichte der «Reconquista».

Zwei einschlägige kirchliche Einrichtungen entstanden bereits im 12. Jahrhundert. Als erste sind die Ritterorden zu nennen, auf deren militärische Aktivitäten weiter unten einzugehen sein wird. Weniger bekannt ist hingegen ihr karitatives Wirken. In den Kreuzfahrerstaaten im Vorderen Orient entstanden unter anderem der Templer- und der Johanniterorden, von denen zumindest letzterer als Agent des Gefangenenloskaufs belegt ist. Auf der Iberischen Halbinsel wiederum wurden in der zweiten Hälfte des 12. Jahrhunderts eigene Ritterorden ins Leben gerufen. Von ihnen unterhielt insbesondere der Orden von Santiago eine Reihe von Häusern, die ausdrücklich nicht nur dem Kampf gegen Muslime, sondern auch dem Gefangenenloskauf und der Krankenfürsorge verschrieben waren. So wurde schon 1180 ein Spital in Toledo errichtet, und bis 1227 folgten sechs weitere allein in Kastilien. Auch der Orden von Calatrava unterhielt in Salvatierra und Évora entsprechende Einrichtungen.

Als zweite kirchliche Einrichtung neben den Ritterorden sind die eigentlichen «Gefangenenbefreiungsorden» zu nennen, also Institutionen, die sich nicht wie die Ritterorden beiläufig, sondern primär dieser Aufgabe widmeten. König Alfons II. von Aragon gründete um 1180 zu diesem Zweck das Spital Santo Redentor de Teruel, das bezeichnenderweise bald danach mit dem Ritterorden von Montjoie fusioniert wurde, jedoch letztlich nicht aufblühte und zusammen mit diesem im Templerorden aufging. Dauerhafter Erfolg war hingegen zwei anderen Gefangenenbefreiungseinrichtungen beschieden: dem zwar in Frankreich entstandenen, aber auch auf der Iberischen Halbinsel begüterten Trinitarierorden und dem Mercedarierorden. Letzterer soll an dieser Stelle etwas genauer vorgestellt werden, weil es sich um eine Einrichtung handelte, die auf der Iberischen Halbinsel entstand und vor allem dort tätig war.

Der um das Jahr 1230 in der Krone Aragon, genauer in Barcelona, aus einem Spital hervorgegangene Orden wurde mit dem alleinigen Ziel ins Leben gerufen, durch die Sammlung von Almosen und die erfolgreiche Bewirtschaftung eigener Güter Mittel zu erlangen, die gezielt für den Loskauf gefangener Mitbrüder und -schwestern investiert werden sollten. Zum Dank dafür mussten die Losgekauften sechs bis zwölf Monate lang als lebendige Zeugen mercedarischer Nächstenliebe öffentlich für die finanzielle Unterstützung ihrer Befreier werben. Auf diese Weise entrichteten sie indirekt einen Teil der zu ihrer Befreiung aufgebrachten Mittel, ohne dass das karitative Wirken der Mercedarier offenkundig zu einem Geldgeschäft verkommen wäre. Die Tatsache, dass die Mercedarier bei ihren Reisen in muslimisch beherrschtes Gebiet häufig ganze Gruppen von Gefangenen ungeachtet des Ansehens der Person auslösten, eröffnete gerade Mittellosen die Chance auf eine Befreiung. Zu den Förderern dieses Ordens gehörten die Stadtbevölkerungen Kataloniens und Aragons, in besonderem Maße aber die Monarchen. Als einzige Ordensgemeinschaft der lateinischen Kirche des Mittelalters neben den Trinitariern sah der Mercedarierorden seine eigentliche Daseinsberechtigung im Gefangenenloskauf. Schließlich stellten neben den Orden auch die Bischofskirchen und Pfarren Gelder für diesen Zweck bereit. In den Pfarrkirchen etwa wurden das gesamte Mittelalter hindurch Spendenschüsseln aufgestellt, mit denen an die Solidarität der Gläubigen appelliert wurde – auch dies war ein Instrument kirchlicher Bemühungen um den Gefangenenloskauf.

Im Falle des Spitals von Teruel und der Mercedarier wird neben den geistlichen Institutionen eine zweite Gruppe von Handlungsträgern erkennbar, die zur Regulierung der Gefangenenbefreiung beitrug: die Monarchen. Diese setzten sich während des Mittelalters immer wieder direkt – etwa durch Diplomatie und Geldzuwendungen – für Verschleppte ein. Solche Bemühungen erfolgten zum einen im Rahmen von Waffenstillstandsverhandlungen mit muslimischen Machthabern, zum anderen in Form von direkten Interventionen zugunsten einzelner Gefangener, aber auch durch Spendengelder, die der königliche «Aumonier» (der Almosenmeister) an Bittsteller verteilte. Darüber hinaus unterstützten die Herrscher die Stadträte – den dritten Handlungsträger neben Krone und Kirche – bei ihren Bemühungen, gefangene Glaubensbrüder und -schwestern loszukaufen.

Bereits in der ersten Hälfte des 12. Jahrhunderts sahen frühe spanische Stadtrechte (span. *fueros*, katal. *furs*) vor, den Familien verschleppter Mitchristen einen gefangenen Muslim unter besonders günstigen Konditionen zu übergeben, damit dieser gegen den geraubten Verwandten eingetauscht werden könne. Auch hier ist ein Prozess der Institutionalisierung erkennbar, der sich an der Einrichtung fester Ämter und Berufe ablesen lässt. Die Agenten des interreligiösen Gefangenenloskaufs trugen in den unterschiedlichen iberischen Reichen eigene Bezeichnungen – *exeas* (von arab. *aš-šīʿa* = Führer, Kompagnon) in Aragon und Katalonien sowie *alfaqueque* (von arab. *al-fakkāk* = Auslöser) in Kastilien. Doch war ihre Aufgabe vergleichbar: Ihnen oblag es nämlich, mit muslimischen Entscheidungsträgern Verhandlungen zu führen und die für die Auslösung der Gefangenen notwendigen finanziellen Transaktionen zu tätigen.

Im 12. Jahrhundert, in dem diese kulturellen Makler zum ersten Mal auf der Iberischen Halbinsel greifbar werden, handelte es sich vorwiegend um Kaufleute, denen schon von Berufs wegen die Überschreitung der Glaubensgrenze sowie Verhandlungen und Geldgeschäfte mit Muslimen geläufig waren. In Katalonien wurden daneben zuweilen auch jüdische Untertanen der Krone als *exeas* eingesetzt. Die voranschreitende Institutionalisierung in den Städten führte im 13. Jahrhundert dazu, dass diese Ämter mit fest bestallten Dienstleuten besetzt wurden. Daneben schufen auch die Könige vergleichbare Ämter, denen sie eigene Amtsbezirke zuordneten. Die *alfaqueques* bzw. *exeas* erhielten 10 Prozent des Lösegelds als Entlohnung. Unterstützt wurden diese Befreiungsagenten von ortskundigen Informanten, die in den Quellen als *rastreros* oder *fieles del rastro* bezeichnet werden und denen es oblag, die Geraubten aufzuspüren und ihre Aufenthaltsorte den Behörden zu melden.

Neben den geistlichen, königlichen und städtischen Einrichtungen ist schließlich auf private Initiativen zur Befreiung gefangener Freunde und Angehöriger hinzuweisen. Schon die frühen *fueros / furs* des 12. Jahrhunderts erwähnen die familiäre Solidarität, die Verwandtschaftsgruppen zum Handeln verpflichtete, und trotz der gerade umrissenen Institutionalisierung des Gefangenenloskaufs blieb dieser Bereich auch in den folgenden Jahrhunderten stark von privater Initiative geprägt. In manchen Fällen kamen den Privatpersonen testamentarische Schenkungen zugute. So entwickelte sich im späten Mittelalter in den Städten der Iberischen Halbinsel die Gewohnheit, in den letztwilligen Verfügungen eine Summe Geldes für den Gefangenenloskauf vorzusehen. Wir wissen, dass die Testamentsvollstrecker diese Legate «für Gefangene» (lat. *pro captivis*) mitunter den Mercedariern übertrugen. In anderen Fällen jedoch dürften sie an Privatpersonen im lokalen Umfeld des Testators gegangen sein, denn die Formulierung wurde offenbar bewusst vage gehalten und damit diese Möglichkeit eröffnet. Die Familienangehörigen der Verschleppten konnten sich mithilfe dieser Mittel selbst um den Loskauf bemühen, oder sie setzten hierzu Männer ein, die ohnehin in den muslimisch beherrschten Gebieten umher reisten (vorzugsweise Kaufleute). Aus der reichen Valencianer Überlieferung etwa wird erkennbar, dass zudem Mitglieder anderer Professionen wie Notare oder Handwerker, aber auch Bettelordensmönche als Vermittler tätig wurden.

Diese privaten Bemühungen sind lange von der Forschung übersehen worden, da sie kaum geschlossene Quellenbestände hervorbrachten. Zumindest nahm man dies lange an. In letzter Zeit aber haben Historikerinnen und Historiker in bischöflichen und städtischen Archiven Briefregister mit Almosenlizenzen identifiziert, die es erlauben, die Bedeutung dieser Aktivitäten zumindest zu erahnen. Solche Schreiben sind eine Folge obrigkeitlicher Bemühungen im späten Mittelalter, das städtische Bettelwesen zu kontrollieren und Missbrauch auszuschließen. Die schriftliche Erfassung der erteilten Lizenzen in Registern setzte erst in der Mitte des 14. Jahrhunderts ein, doch dürfte die Vergabepraxis älter sein. In den Einträgen geht es regelmäßig um Personen, die um Geld für die Befreiung gefangener Mitchristen bitten. Manchmal sind die entsprechenden Angaben recht lakonisch gehalten. Andere führen hingegen nicht nur den Namen und die Herkunft des Anwärters beziehungsweise der Anwärterin auf, sondern auch den Grund des jeweiligen Bettelgesuchs. Häufig wurden dabei die konkreten Umstände der jeweiligen Gefangenschaft dargestellt, und eine wiederum stets gleichlautende Abschlussformel diente dazu, zur Unterstützung des Bittstellers aufzurufen. So erhalten wir Kenntnis von Küstenbewohnern und Kaufleuten, Pilgern und Matrosen, Männern und Frauen: von Guillem aus Savoyen, Martín García aus Murcia und dessen Frau, die das Kreuz genommen hatten und zusammen mit vielen anderen Christen bei Algeciras in Gefangenschaft geraten waren; von Bernat Codina aus Mallorca, der zusammen mit seinem Bruder und anderen Verwandten aus Venedig kommend vor Sardinien aufgebracht worden war; von Bartolomé de Comabella aus Guardamar im südlichen Valencia, der ebenfalls zusammen mit Frau und Kindern bei einem Überfall den Angreifern in die Hände gefallen war. Häufig hatten die Gefangenen eine Geisel – etwa einen nahen Verwandten – gestellt und baten nun persönlich in den Städten um Almosen. Damit bieten diese Quellen faszinierende Einblicke in die soziale Spannbreite der vom Menschenraub betroffenen Bevölkerungsgruppen, mitunter auch in die Umstände der Gefangennahme und die oftmals bemitleidenswerten Bemühungen familiärer und freundschaftlicher Netzwerke, geliebte Mitmenschen heimzuholen. Ähnliches galt selbstverständlich auch für die Muslime auf der Iberischen Halbinsel. Während für al-Andalus die Quellenlage ungünstig ist, liegen aus den christlich beherrschten Territorien umfangreiche Hinweise auf Spendensammlungen muslimischer Gemeinden und Individuen zugunsten gefangener Glaubensbrüder und -schwestern vor.

Die aragonesischen Almosenlizenzen bergen also Hinweise auf eine heute kaum noch zu rekonstruierende Welt von privat getragenen Hilfsmaßnahmen. Allerdings sind die quellenkritischen Probleme nicht aus dem Blick zu verlieren, welche den Bettellizenzen eigen sind. Die Wahrscheinlichkeit, eine derartige Erlaubnis zu erhalten, dürfte zugenommen haben, je dramatischer das Schicksal des oder der Gefangenen dargestellt wurde. Doch ganz unabhängig vom genauen Wahrheitsgehalt der Schilderungen, und obwohl es kaum möglich ist, die Berichte mit Hilfe ergänzender Dokumente abzugleichen: Menschen, die im öffentlichen Raum um Unterstützung für die Auslösung ihrer gefangenen Verwandten baten, stellten unzweifelhaft eine alltägliche Erscheinung in den iberischen Reichen dar.

8. Mehr als der Cid: Akteure und Pragmatismus

Monarchen und Adel

Im Folgenden soll das soziale Spektrum der an Gewalthandlungen Beteiligten aufgezeigt werden. Dies ist nötig, weil gemeinhin historische Darstellungen der «Reconquista» vorschnell ausschließlich an den kriegerischen Aktivitäten einzelner Herrscher orientiert sind. In der Tat ist nicht zu leugnen, dass wesentliche Eroberungszüge der Christen auf die Initiative von Monarchen zurückgingen, von denen manche (insbesondere des 11. und 12. Jahrhunderts) regelmäßig, in Einzelfällen fast jährlich, Kriegszüge in den Süden unternahmen. Mit gewissem Recht gelten daher Herrscher wie Ferdinand I. von Kastilien und León, Alfons VI. von León, Alfons I. von Aragon, Alfons VIII. von Kastilien, Ferdinand III. von Kastilien oder Jakob I. von Aragon, die in diesem Buch bereits vorgestellt worden sind, als bedeutende Exponenten der christlichen Expansion.

Ebenso berechtigt ist es indes, den Anteil des Adels – des christlichen wie des muslimischen – an diesem Prozess herauszustellen. Dessen Angehörige nahmen nicht nur selbst regelmäßig an den Kriegszügen teil, sondern brachten jeweils ihre eigene Gefolgschaft ein und bildeten auf diese Weise das gesamte Mittelalter hindurch einen wesentlichen Teil des Truppenaufgebots. Außerdem sind Adlige vielfach als selbstständig handelnde Akteure belegt, die eigene Truppen beschäftigten und in Absprache mit ihren jeweiligen Herren, aber auch auf eigene Faust und durchaus auch im eigenen Interesse Kampfhandlungen durchführten. Sie waren dabei allerdings verpflichtet, ein Fünftel ihrer Beute, den sogenannten *quinto real*, an den König abzutreten.

Die spezifische Gemengelage auf der Iberischen Halbinsel eröffnete energischen Kriegsherren, die mit dem nötigen Glück ausgestattet waren, die Möglichkeit, in kurzer Zeit glänzende Karrieren zu machen. Die breiten Grenzsäume, die vielen, oftmals in Konflikt miteinander liegenden Territorien und deren unterschiedlichen Religionsgemeinschaften schufen hierfür beste Voraussetzungen. Vor allem das hohe Mittelalter des 11. und 12. Jahrhunderts brachte eine Reihe von Persönlichkeiten hervor, die kurz- oder längerfristig eigene Herrschaften zu errichten vermochten und aufgrund ihrer Kriegshandlungen von Zeitgenossen und Nachfahren gefeiert wurden. Der bekannteste unter diesen Kriegsherren war zweifellos Rodrigo Díaz de Vivar, genannt el Cid.

Rodrigo Díaz de Vivar wurde um das Jahr 1043 in eine kastilische Adelsfamilie hineingeboren, stieg im Dienste König Sanchos II. von Kastilien (gest. 1072) am Hof in eine prominente Stellung auf und blieb (nach dessen Ermordung) auch unter Alfons VI. von León-Kastilien (gest. 1109) ein einflussreicher Heerführer. Nachdem er einen nicht autorisierten Angriff gegen die Taifenherrschaft von Toledo unternommen hatte, musste er ins Exil gehen und wählte dafür das muslimische Reich von Zaragoza aus. Im Dienst von al-Muʿtamin, des Herrschers von Zaragoza, kämpfte er einige Jahre lang gegen dessen muslimische wie christliche Feinde, bevor er sich eine eigene Herrschaft sicherte, indem er im Juli 1094 die Stadt Valencia eroberte und gegen Angriffe der Almoraviden verteidigte. Seine erfolgreichen Aktivitäten zugunsten muslimischer Territorialherren brachten ihm den arabischen Beinamen el Cid ein (von arab. *as-sayyid* = «Herr» bzw. volkssprachlich *sīdī* «mein Herr»), mit dem er in die Geschichte eingegangen ist. Von christlichen Autoren hingegen wurde er in aller Regel als *Campeador* (von lat. *campi doctor* = in der Feldschlacht geübter Krieger) bezeichnet. Am Ende seiner glänzenden und erfolgreichen militärischen Karriere starb el Cid Campeador im Juli 1099 eines natürlichen Todes. Zeitnahe und auch später verfasste Texte, unter denen das lateinische *Carmen Campidoctoris* und die *Historia Roderici* (beide zuletzt auf ca. 1190 datiert) sowie das volksprachige kastilische Epos *Poema del Mío Cid* (ca. 1200) herausragen, stilisierten den Cid zum mythisch überhöhten Ebenbild eines gerechten

Kriegers. Die jüngere Forschung betont hingegen eher seine wechselhafte Karriere zwischen Islam und Christentum.

So schillernd die Biografie des Cid gewesen sein mag – als singulär lässt sie sich nicht bezeichnen. Exzeptionell war im Wesentlichen vor allem sein literarisches Weiterleben. Auch andere Männer des 11. und 12. Jahrhunderts dienten muslimischen und christlichen Herren gleichermaßen; auch andere waren in den Grenzgebieten zwischen al-Andalus und den nördlichen Königreichen aktiv; auch andere konnten dort eigene Herrschaften errichten.

Arnau Mir de Tost (gest. nach 1072) zum Beispiel, ein katalanischer Kriegsherr und Zeitgenosse des Cid, rückte zwischen ca. 1041 und 1072 zuerst im Auftrag der Grafen von Urgell und von Barcelona, dann aber zunehmend selbständig aus der Sicherheit des Pyrenäengebirges nach Süden vor. Er eroberte ein breites Territorium im heutigen Pallars Jussà, das er mit Burgen sicherte und in dessen Zentrum er mit Àger eine Festung mit angeschlossenem Kloster errichtete, das er direkt dem Papst unterstellte. Sein Verscheiden ohne männliche Erben war wesentlich dafür verantwortlich, dass diese weitgehend unabhängige Herrschaft nur kurzzeitig existierte.

Arnau Mir de Tost, dem adligen Kriegsherrn im Osten der Iberischen Halbinsel, lässt sich im Westen beispielhaft Geraldo Geraldes entgegenstellen (gest. ca. 1173), der in Portugal seit dem 12. Jahrhundert als *Geraldo sem Pavor*, «Gerald der Furchtlose», bekannt war. Er betätigte sich als Anführer einer Truppe von Grenzkriegern und Abenteurern im Kampf gegen das muslimische Reich von Badajoz, eroberte im Auftrag des Königs weite Teile des Alentejo und namentlich 1165 Évora, bekriegte leonesische Truppen im Ringen um die Vorherrschaft über die Extremadura und wurde der Legende nach um das Jahr 1173 bei einem Spionageunternehmen in Sabta/Ceuta auf Anordnung der Almohaden, für die er sich zuvor militärisch verdingt hatte, ermordet.

Es lassen sich weitere selbstständig agierende Kriegsherren des hohen Mittelalters anführen: Alvar Fañez zum Beispiel (gest. 1114), ein Verwandter des Cid, der im kastilischen Grenzgebiet zum Almoravidenreich gegen Ende des 12. Jahrhunderts weitgehend selbstständig agierte; oder Robert d'Aculley (Robert d'Aguilò), besser bekannt als Robert Burdet (gest. ca. 1159), ein Krieger aus der Normandie, der sich in Aragón und Navarra so sehr im Kampf gegen muslimische Mächte hervortat, dass er vom Bischof von Barcelona als Fürst von Tarragona (lat. *princeps Tarraconensis*) mit der Besiedlung und Verteidigung der gleichnamigen Grenzstadt beauftragt wurde. Die Liste ließe sich problemlos verlängern.

Bei aller Bedeutung dieser Adligen: Die Sicherung des Territoriums und die Durchführung von kurzzeitigen Beutezügen in den Grenzgebieten wurde auch und durchaus wesentlich von weiteren Akteuren getragen. So richteten die Ortschaften an der *frontera* eigene berittene Milizen (span. *milicias*) ein, denen als schnelle und flexible Truppen Angriff und Verteidigung oblag. Sie waren es vor allem, welche die gefürchteten *cabalgadas*, die schnellen Reiterangriffe in feindliches Territorium, ausführten.

Päpste, Bischöfe und Ritterorden

Maßgeblich unterstützt bei all diesen Unternehmungen wurden die Krieger von der Kirche. Dies geschah nicht nur spirituell und liturgisch durch Gebete, oder rhetorisch und intellektuell durch Aufrufe, Predigten und geschriebene Texte, sondern sehr wohl überdies militärisch: Die Bischöfe zumal beteiligten sich massiv und durchaus auch persönlich an Kampfhandlungen. Im Jahre 1010 starben die Bischöfe von Vic, Girona und Barcelona im Kampf gegen Muslime, und schillernde Gestalten wie Erzbischof Rodrigo Jiménez de Rada von Toledo trieben als Territorialherren mit eigenen Kontingenten den Krieg weit nach Süden.

Auf der höchsten kirchlichen Ebene wurden die christlichen Kämpfe gegen Muslime von den mittelalterlichen Päpsten legitimiert: Wie wir bereits gesehen haben, unterstützten sie seit der Mitte des 12. und bis zum Ende des 15. Jahrhunderts mit wechselnder Intensität die iberischen Kriege: Sie erlaubten regelmäßig die Verwendung von Kreuzzugsteuern zu deren Finanzierung und riefen zwischenzeitlich die gesamte Christenheit zur Unterstützung der Unternehmungen auf. Nicht zuletzt standen sie kirchlichen Orden vor, deren Hauptbetätigungsfeld der Kampf gegen die Muslime war: den geistlichen Ritterorden des Mittelalters.

In der Gesamtschau ist die Zahl der im 12. bis 14. Jahrhundert auf der Iberischen Halbinsel entstandenen geistlichen Kampfinstitute absolut singulär: Von allen Regionen des christlichen Europas wurden hier die meisten Ritterorden ins Leben gerufen. Die bedeutendsten sind die Orden von Calatrava, Alcántara, Santiago und Avís, die hier aus der Perspektive der «Reconquista» knapp vorzustellen sind.

An erster Stelle muss wohl die Gemeinschaft von Calatrava genannt werden. Ihre Gründung erfolgte in einer Notsituation: Die im Jahre 1147 durch König Alfons VII. von León und Kastilien eroberte Burg Qalʿat Rabah (Calatrava) drohte elf Jahre später (1158) an die Muslime verlorenzugehen. Daraufhin taten sich einige Zisterziensermönche und Laien zusammen, um die Burg zu verteidigen. Nach einigen spannungsreichen Jahren, in denen das Verhältnis zwischen Ordensrittern und Mönchen ungeklärt war, erhielt die Gemeinschaft von Calatrava 1187 eine eigene Ordensregel. Sie wurde dem Zisterzienserorden und darüber letztlich dem Papst unterstellt, behielt aber weitgehend ihre Selbständigkeit und ihre Nähe zum kastilischen König.

Auch die drei anderen hispanischen Ritterorden entstanden aus genossenschaftlich strukturierten, militärischen Laienbruderschaften. Auf eine solche *milicia* bzw. *cofradía* namens San Julián de Pereiro, die wahrscheinlich um 1167 gegründet und deren Besitz 1176 von Papst Alexander III. (gest. 1181) bestätigt wurde, geht der Alcántaraorden zurück. Dieser konnte zwar sein Vermögen erweitern, wurde jedoch im Jahre 1213 dem Orden von Calatrava unterstellt, dessen Regel er seitdem befolgte. Erst zu dieser Zeit (im Jahre 1218) wurden ihm die Burg und die Stadt Alcántara zugeteilt, nach der er benannt ist.

Auch der Orden von Santiago trug nicht von Beginn an seinen Namen, vielmehr ging er aus der Laienbruderschaft der «Brüder von Cáceres» hervor, die König Ferdinand II. von León (gest. 1188) im Jahre 1170 nach der Eroberung der gleichnamigen Stadt (in der Extremadura) gründete. Erst ein Jahr später unterstellte sich die Gemeinschaft dem Patronat des Heiligen Jakobus und ging eine Art geistliche Verbrüderung mit dem Kathedralkapitel von Santiago de Compostela ein. Im Jahre 1175 bestätigte Papst Alexander III. die Ordensregel, womit der letzte Schritt zum vollgültigen Ritterorden vollzogen war.

In diese Zeit fällt auch die erste Erwähnung des ältesten portugiesischen Ritterordens (1176). Er wurde zur Verteidigung der 1165 von den Muslimen eroberten Stadt Évora eingerichtet, nach dieser benannt und dem Calatravaorden unterstellt. Faktisch entwickelte sich die Gemeinschaft zu einer königsnahen portugiesischen Institution, die in den 1220er-Jahren ihren Sitz in die Ortschaft Avís verlegte, nach der sie sich seitdem benannte.

Innerhalb weniger Jahre waren damit auf der Iberischen Halbinsel – das heißt in León, Kastilien und Portugal – vier Ritterorden entstanden. Die Zahl erhöht sich noch, wenn man kurzlebige Kampfbruderschaften des beginnenden 12. Jahrhunderts hinzuzählt wie etwa die Gemeinschaften von Belchite und Monreal in Aragon oder die temporären Orden des Erlösers, von Trujillo und von Montjoie. Diese drei Vereinigungen wurden indes nach wenigen Jahrzehnten aufgelöst oder den bereits genannten Institutionen bzw. den Kreuzfahrerstaaten der Levante operierende Ritterorden (die Templer) einverleibt.

In der Krone Aragon spielten einheimische Orden wie derjenige von Sant Jordi d'Alfama eine vergleichsweise untergeordnete Rolle. Der Grund hierfür war das Testament König Alfons I. von Aragon, der im Jahre 1134 sein Reich unter anderem den Templern und Johannitern vermachte. Die Verfügung wurde zwar nicht umgesetzt, aber zum Ausgleich erhielten diese beiden Ritterorden umfangreiche Besitzungen, was dazu führte, dass sie sich in der Folge intensiv an militärischen Auseinandersetzungen mit den Muslimen beteiligten. Erst nach der Auflösung des Templerordens 1311 entstand mit dem Orden von Montesa ein eigener aragonesischer Ritterorden von Gewicht. In Anlehnung an die königsnahen kastilischen und leonesischen Ritterorden wurde er unmittelbar an das Königshaus angebunden. In Portugal verfuhr man im Übrigen ähnlich und schuf aus der Verfügungsmasse des untergegangenen Templerordens einen eigenen, königsnahen Ritterorden, den Christusorden. Dieser sollte für die atlantische Expansion Portugals am Ende des Mittelalters eine bedeutende Rolle spielen.

Während der ersten rund hundert Jahre ihrer Existenz dienten die Orden von Calatrava, Alcántara und Santiago dem kastilischen und leonesischen Königtum, die Orden von Avís und Santiago den portugiesischen Monarchen als verlässliche Stützen. Vor allem die Santiago- und Calatravaritter waren bei großen Schlachten der «Reconquista» – in Alarcos (1195), Las Navas de Tolosa (1212) und Alcácer do Sal (1217) – an vorderster Front beteiligt. Im Gegenzug wurden sie bei der Landvergabe umfänglich entlohnt. Auch die großen Expansionsschübe des beginnenden 13. Jahrhunderts mit der Eroberung Córdobas (1236) und Sevillas (1248) wurden von den Ritterorden mitgetragen, und auch hierfür wurden sie bei der Landverteilung vergütet. Die dadurch, aber auch durch andere Schenkungen der Gläubigen zusammengetragenen Vermögen waren beträchtlich, so dass sich im Verlauf des 12. und 13. Jahrhunderts die Ritterorden zu außerordentlich wohlhabenden Institutionen entwickelten und ihren Besitz nach den Eroberungen sogar weiter arrondieren und vergrößern konnten. Zum Ende des 15. Jahrhunderts gebot beispielsweise der Orden von Santiago über mehr als 200 Ortschaften und 23 000 Quadratkilometer Land.

Erst ab der Mitte des 13. Jahrhunderts – nicht zufällig mit dem Abschluss der großen Expansionsphase – lassen sich in diesem bislang engen Verhältnis zwischen Orden und Krone erste Brüche erkennen: Immer deutlicher forderten die Vorsteher der großen Ritterorden eine politische statt einer bloßen militärischen Funktion in den sich konsolidierenden Herrschaften des Südens. Zu Beginn des 14. Jahrhunderts äußerten sich diese Spannungen schließlich in offenen Machtkämpfen, welche die Könige letztendlich für sich entscheiden sollten. Im Verlauf des 15. Jahrhunderts wurden in allen Reichen der Iberischen Halbinsel die einheimischen Ritterorden weitgehend gleichgeschaltet und langfristig in königstreue Hoforden umgewandelt.

Wenn sie nicht im Feld waren, bestand die vordringliche militärische Aufgabe der Ordensritter während des 13. bis 15. Jahrhunderts in der Gebietssicherung. Dies geschah durch den Bau von Burgen, und so ist es kein Zufall, dass einige Ritterorden sich nach diesen befestigten Zentren benannten (Calatrava, Alcántara, Montesa). Manche dieser Burgen sind noch immer in Spanien (insbesondere zwischen den Flüssen Tajo und Guadalquivir) zu sehen. In den ehemaligen Grenzgebieten zu al-Andalus, etwa in der noch heute als Campo de Calatrava bekannten Region im südlichen Kastilien (La Mancha), beherrschten die großen iberischen Ritterorden von Santiago, Avís, Calatrava und Alcántara ausgedehnte Territorien.

Auf muslimischer Seite existierte mit dem Ribāt durchaus ein gewisses Pendant zu den Ritterorden. Dabei handelte es sich um eine Gemeinschaft von Glaubenskämpfern, die in Grenzräumen des islamischen Herrschaftsgebiets eine Festung errichteten bzw. bewohnten und dort ein religiös ausgerichtetes Leben mit dem Kampf gegen Andersgläubige verbanden. Die Almoraviden etwa sahen sich als solche Grenzwächter (arab. *al-murābiṭūn*), und noch heute verraten einzelne Ortsnamen in Portugal und Spanien ihre Herkunft aus einem Ribāt: beispielsweise Sant Carles de la Ràpita, La Ràpita, La Rábida, La Rábita und Arrábida. Ob Ritterorden und Ribāt in einem Abhängigkeitsverhältnis zueinander bestanden, ob sich also die christlichen Einrichtungen in Anlehnung an die älteren muslimischen Festungsgemeinschaften entwickelten, oder ob es sich hier um unabhängig voneinander entstandene Formen religiösen Lebens handelte, ist in der Forschung umstritten und letztlich nicht abschließend zu klären. Allerdings fällt auf, dass die ersten Ritterorden in Gebieten (der Levante und der Iberischen Halbinsel) entstanden, in denen der Ribāt bereits bekannt war.

Festungen und Krieger

An Ritterorden wie Ribāt gleichermaßen wird die außerordentliche Bedeutung von Befestigungsanlagen für die Geschichte der muslimisch-christlichen Auseinandersetzungen des Mittelalters deutlich. Die jeweiligen Grenzsäume wurden an strategisch wichtigen Stellen durch Wehrbauten gesichert, die miteinander Netzwerke bildeten und verschiedene – nicht nur militärische – Funktionen zugleich erfüllten: Sie boten bei Gefahr Schutz, dienten als Vorposten für Erkundungen angrenzender Gebiete, stellten aber auch administrative und ökonomische Zentren für das Umland dar. Manche von ihnen wechselten immer wieder den Besitzer. So lässt sich die Militärgeschichte der «Reconquista» durchaus als eine scheinbar endlose Abfolge von Belagerungen und Eroberungen von Burgen schreiben, die technologische Neuerungen (Fortentwicklung der Katapulte etc.) und eigene Militärspezialisten hervorbrachten. In der Tendenz lässt sich das Vorrücken der christlichen Mächte an immer neuen Linien von eingenommenen oder selbst errichteten Grenzfestungen ablesen: Vor allem an der Linie des Duero, des Tajo und später an der *frontera* des Nasridenreichs von Granada finden sich daher viele eindrückliche Zeugnisse mittelalterlicher Militärarchitektur.

Im Vergleich dazu haben andere Formen mittelalterlicher Kriegsführung kaum sichtbare Spuren hinterlassen. Dennoch sind sie nicht minder bedeutsam. Eine Kriegsgeschichte, die ein Gespür für die soziale Dimension bewaffneter Konflikte zeigt, wird genauso auf die offenen Feldschlachten und mehr noch auf die Alltagsgewalt von Raubzügen und anderen Formen der Grenzkonflikte schauen. Die Rekrutierung der Armeen und die wirtschaftlichen und gesellschaftlichen Folgen immer wieder aufbrechender interreligiöser Gewalt müssen dabei ebenso in den Blick genommen werden.

Die Armeen der muslimischen Reiche durchliefen hinsichtlich ihrer Zusammensetzung substantielle Veränderungen. Während der Umayyadenzeit bestand das Heer anfangs zum größten Teil aus kurzzeitig zum Militärdienst Verpflichteten, doch ging man im Verlauf des 9. Jahrhunderts zusehends dazu über, Söldner anzustellen (vor allem Berber aus Nordafrika, aber auch Kämpfer aus christlichen Gebieten und dem subsaharischen Afrika). Zur Zeit von Almansor bildeten sie bereits den größten Teil des Heeres. Die Armeen der Almoraviden und Almohaden wiederum bestanden im Wesentlichen aus nach ethnischen Gesichtspunkten gegliederten Kampfverbänden nordafrikanischer Berber, die allerdings auch mit Söldnern aufgefüllt wurden. Das Nasridenreich schließlich ergänzte seine aus andalusischen Untertanen gebildete Streitmacht hauptsächlich mit Freiwilligen aus Nordafrika, den «Kämpfern des Dschihad» (arab. *ġuzāt al-mujāhidīn*).

Christliche Armeen setzten sich im Früh- und Hochmittelalter im Wesentlichen aus Männern zusammen, die aufgrund einer Kriegsdienstverpflichtung im Verteidigungsfall oder feudaler Bindungen für begrenzte Zeit im Heer zu dienen hatten. Aber auch hier lassen sich fremde Elemente feststellen: An einigen Feldzügen nahmen auswärtige Kreuzfahrer teil, und im späten Mittelalter ging man zusehends dazu über, Söldner anzuwerben. Die auf diese Weise zusammengestellten Heere waren keine Massenaufgebote. Bei der Schlacht von Las Navas de Tolosa (1212) kam die größte bis dahin im christlichen Kastilien versammelte Streitmacht zusammen. Sie umfasste 4000 Ritter und ca. 8000 Fußsoldaten. Am Fluss Salado kämpften im Jahre 1340 auf christlicher Seite angeblich 8000 Reiter und 12 000 Infanteristen (tatsächlich dürfte die Zahl geringer gewesen sein), im Krieg um Granada konnten die Katholischen Könige 12 000 Kavalleristen und 40 000 Fußsoldaten zusammenziehen. Für die muslimische Seite ist es hingegen kaum möglich, verlässliche Zahlen zu ermitteln.

Bis ins 15. Jahrhundert kam den schwer gepanzerten, im Sattel mit Lanzen kämpfenden Rittern große Bedeutung zu. In geschlossener Formation konnten sie eine schreckliche Durchschlagskraft entfalten. Ihnen standen auf muslimischer Seite mobilere, weil leichter bewaffnete Reiter gegenüber. Wahrscheinlich folgte deren Bewaffnung unterschiedlichen Stammestraditionen: Zanāta-Berber benutzten häufiger Schwerter, während Ṣanhāǧa-Berber es vorzogen, mit Speeren zu kämpfen. Von großer Bedeutung waren die Kompositbögen, mit denen auch vom Pferderücken aus geschossen wurde. Zudem versuchten offenbar beide Seiten, ihre eigene Waffentechnik an die der Gegner anzugleichen bzw. durch den Einsatz entsprechend bewaffneter Hilfstruppen einen Ausgleich herzustellen. Auch aus militärgeschichtlicher Sicht erweist sich die «Reconquista» somit als ein Beispiel für transkulturelle Verflechtungen.

Seitenwechsel und Verträge

Gemeinhin wird die «Reconquista» als eine sich über Jahrhunderte hinziehende Abfolge von Kriegen, Schlachten und Scharmützeln zwischen Christen und Muslimen dargestellt. Bei näherem Hinsehen aber trifft man allerorten auf Belege für diplomatischen Austausch oder gar militärische Bündnisse zwischen Angehörigen unterschiedlicher Religionen. So haben wir bereits an den Beispielen des Cid Campeador, des Arnau Mir de Tost oder des Geraldo Sem Pavor den Typus des hochmittelalterlichen Grenzkriegers kennengelernt, der durch Eigeninitiative und militärisches Geschick neue Herrschaften zu errichten vermochte. Was diese und andere Abenteurer des 11. und 12. Jahrhunderts aber ebenso kennzeichnet, ist, dass sie sich bisweilen auch in den Dienst islamischer Machthaber stellten. Der Cid etwa kämpfte für den muslimischen Herrscher von Zaragoza, und Geraldo Sem Pavor begab sich ins Exil an den Hof der Almohaden. Der bereits als interkulturelle Makler vorgestellte Sesnando Davides wiederum stand zuerst in den Diensten des muslimischen Herrschers von Sevilla, bevor er zum Berater und Botschafter der christlichen Könige Ferdinand I. und Alfons VI. aufstieg. Sein christlicher Glaubensbruder Pedro Fernández de Castro (gest. 1214) kämpfte in der Schlacht von Alarcos 1195 auf Seiten der Almohaden. Ähnliche Fälle lassen sich überdies auch in al-Andalus feststellen, wo der Poet Ibn ʿAmmār zuerst die muslimischen Truppen Sevillas gegen Murcia anführte (im Übrigen mit Unterstützung christlicher katalanischer Söldner), sich dann aber in den Dienst Alfons VI., des christlichen Königs von Kastilien-León, stellte.

Zahlreich sind die Belege für die Anwerbung von andersgläubigen Söldnern. Im Jahre 984 erbat König Vermudo von León (gest. 1037) muslimische Kämpfer aus al-Andalus, um seine Herrschaft zu stabilisieren; wenig später nahmen Christen an den Expeditionen des Almansor gegen ihre Glaubensbrüder und -schwestern teil. Im späteren Mittelalter unterhielten die aragonesischen wie auch die kastilischen Könige eigene muslimische Einheiten an ihren Höfen. In Kastilien sprach man von der *guardia morisca*, in Aragon von den *genets*. Die letztgenannte Bezeichnung verwies auf die spezifische Kampftechnik leicht bewaffneter Reiter, die durch ihr fremdes Aussehen und wahrscheinlich auch durch entsprechende Kleidung eine exotische Note an den Hof gebracht haben dürften und damit das symbolische Kapital des Herrschers steigerten.

Neben dem Dienst für jeweils andersgläubige Herrscher wurden während des hohen Mittelalters immer wieder militärische Bündnisse zwischen muslimischen und christlichen Herrschaften geschlossen. Im Jahre 1010 starben die Bischöfe von Vic, Girona und Barcelona wie erwähnt auf dem Schlachtfeld im Kampf gegen Muslime. Allerdings standen sie dabei auf der Seite einer konkurrierenden islamischen Herrschaft. Ganz ähnlich kämpfte kaum fünf Jahre später Graf Ramon Borrell von Barcelona (gest. 1017) an der Seite des Emirs von Zaragoza gegen dessen muslimische Widersacher. Noch 1135 erwähnt die *Chronica Adefonsi Imperatoris* fast nebenbei, dass bei einem großen Hoftag von den Vasallen König Alfons VII. von León-Kastilien auch der Taifenherrscher von Rueda zugegen war, und im Jahre 1246 sollte der König von Granada Muḥammad ibn Yūsuf ibn Naṣr im Vertrag von Jaén ein förmliches Vasallenverhältnis zu Ferdinand III. von Kastilien begründen. 1157 verbündete sich Alfons VII. mit Ibn Mardanish von Murcia (gest. 1172) gegen das almohadische Almería, ähnlich kämpfte 1170 der König von León mit den Almohaden gegen den König von Kastilien. Diese Bündnisse wurden so offen eingegangen und mit Freundschaftsäußerungen unterlegt (wiederholt ist von der *amicitia* zwischen den Vertragspartnern die Rede), dass Papst Coelestin III. einige Jahrzehnte später den König von León genau aus diesem Grund exkommunizierte und denjenigen Christen sogar Kreuzzugsablässe versprach, die gegen ihn zu kämpfen bereit waren. An der Praxis intensiver diplomatischer Beziehungen und militärischer Bündnisse zwischen christlichen und muslimischen Machthabern änderte dies langfristig allerdings nichts. In den entsprechenden Texten reden christliche Herrscher ihre muslimischen Pendants regelmäßig als «geliebte Brüder» etc. an und versichern sie ihrer Freundschaft. Unzählig sind bis zum Ende des Mittelalters die Gesandtschaften, die ausgetauschten Geschenke, die Zeichen des Entgegenkommens.

Doch bei aller Kooperation findet sich in christlichen Quellen des 11. bis 15. Jahrhunderts ebenso regelhaft die Vorstellung, die Expansion sei ein lang andauernder Prozess, an dessen Ende die gesamte Halbinsel wieder christlicher Herrschaft zugeführt werde. Am deutlichsten wird dies in Verträgen zwischen christlichen Herrschern wie den Verträgen von Tudilén (1151) oder von Cazola (1179) zum Ausdruck gebracht, in denen die Halbinsel zwischen den Unterzeichnern in Zonen zukünftiger Eroberung aufgeteilt wurde. Aus der Rückschau ist klar, dass die Realisierung dieses Vorhabens bis zu 300 Jahre auf sich warten lassen sollte. Umso erstaunlicher aber sind die genannten Verträge, denen man spätere Vereinbarungen an die Seite stellen kann – etwa den Vertrag von Almizra 1244 und den berühmten Vertrag von Tordesillas von 1494, mit dem die «neue», überhaupt noch zu erschließende Welt jenseits des Atlantiks zwischen Portugal und Kastilien aufgeteilt wurde. Die iberischen Aufteilungsverträge sind ferne Spiegelungen des letztlich auf die frühe asturische Chronistik zurückgehenden Restaurationsparadigmas, zeigen sie doch, dass es im Umfeld der Könige und in Gelehrtenkreisen durchaus eine dauerhafte Eroberungsideologie gab.

Aber der Alltag sah anders aus, als es solche bilateralen Verträge glauben machen. Die Grenzgebiete zwischen al-Andalus und den christlich beherrschten Reichen waren im Grunde Räume mit eigenen Regeln, die von der Nähe des Anderen geprägt waren. Vor allem die iberischen Quellen des hohen und späten Mittelalters zeichnen das widersprüchliche Bild eines temporären politischen und fast dauerhaften wirtschaftlichen Austauschs zwischen Muslimen und Christen, der immer wieder von Grenzstreitigkeiten, Raubzügen und regelrechten Kriegen unterbrochen wurde. Eroberung ist in diesen Quellen weniger Rückeroberung oder Wiederherstellung verlorener Herrschaft oder untergegangener Kirchen als vielmehr schlichte Expansion.

Diese musste nicht zwangsweise gewaltsam vollzogen werden, sondern konnte auch im Sinne einer weitgehend friedlichen Landnahme vor sich gehen. In manchen Fällen erreichten Einheimische und Neuankömmlinge Vertragslösungen, in anderen griff man zu Gewalt. Hier kam den Angreifern der religiöse Antagonismus zupass: Zwar waren bilaterale Verträge zwischen muslimischen und christlichen Landesherren prinzipiell zu beachten. Doch wurden der Glaubensgegensatz und die Vorstellung einer grundsätzlich berechtigten Ausdehnung des islamischen Herrschaftsbereichs respektive einer legitimen Wiedererlangung christlicher Gebiete wiederholt zur Legitimation wechselseitiger Eroberungen herangezogen. Solche für das 10. und 11. Jahrhundert typische Formen der Landnahme bzw. der Eroberung wichen einer stärkeren Kontrolle der Expansion seitens der Könige, wie sie die folgenden beiden Jahrhunderte kennzeichnete. Doch stets behielten die Bewohner der Grenzregionen ein verhältnismäßig hohes Maß an Handlungsfreiheit.

Aus der Binnensicht der Grenzräume gestaltete sich Eroberung also viel punktueller und wechselhafter, als es die theologisch und damit letztlich ideologisch geprägte Chronistik suggeriert. Während sie – und in ihrem Gefolge noch heute wissenschaftliche Synthesen zur Geschichte der sogenannten Reconquista – die christliche Expansion als einen zwar langsamen und schubweisen, aber letztlich unaufhaltsamen und in große Phasen einteilbaren Prozess auffassen, war sie im Alltag weitaus wechselhafter: Bündnisse und Krieg konnten unmittelbar aufeinanderfolgen, blutige Razzien und gemeinsame Initiativen zur gütlichen Konfliktbeilegung oder zum Gefangenenaustausch standen gleichzeitig nebeneinander.

Die oben vorgestellten Weihe- und Schenkungsurkunden des 11. Jahrhunderts, in denen von einer vorausgesagten, verheißenen Zeitenwende gesprochen wird, büßen einen Teil ihrer Beispielhaftigkeit ein, wenn man sie innerhalb der Gesamtüberlieferung einordnet bzw. mit der gebotenen Strenge zeitlich differenziert. Im Königreich Navarra etwa folgte auf die expansionistische Politik und die martialische Rhetorik König Garcias III. (vgl. die Weiheurkunde von Calahorra, 1046) eine Politik der Annäherung unter Sancho IV. (gest. 1076), die 1073 zum Abschluss eines Friedensvertrags mit al-Muqtadir von Zaragoza führte, in dem der König den Sultan seiner Freundschaft und seines Wohlwollens versicherte. Seine Nachfolger betrieben wieder eine aggressivere Politik und entwickelten ihrerseits eine neue, konfliktgeladene Kanzleisprache in ihren Dokumenten. Selbst die auswärtigen, von jenseits der Pyrenäen in das iberische Kriegsgeschehen eingreifenden südfranzösischen «Kreuzfahrer» dürften von einem breiten Spektrum an Beweggründen – nicht nur religiösen, sondern auch ökonomischen Interessen und feudo-vasallitischen sowie familiären Verbindungen – motiviert worden sein. Auf dem Boden gestaltete sich die «Reconquista» viel pragmatischer, als es aus den Höhen gelehrter Chronistik erscheint.

9. Das Leben unter der Herrschaft Andersgläubiger

Im Zeichen des Halbmonds

Infolge der wechselseitigen Eroberungen auf der Iberischen Halbinsel im Mittelalter gerieten einerseits viele Christen und Juden unter muslimische Herrschaft, andererseits aber auch viele Muslime und Juden unter christliche Herrschaft. Ob diese besiegten bzw. unterworfenen Andersgläubigen als von der dominanten Gesellschaftsgruppe unterdrückte, sozial diskriminierte und abgesonderte Gemeinschaften anzusehen sind, ob man besser von parallel nebeneinander existierenden Lebenswelten und daher von einer «Kohabitation» sprechen sollte, oder ob die Kommunikation zwischen den Bevölkerungsgruppen so groß war, dass eher der Begriff des «Zusammenlebens» (span. *convivencia*) angemessen wäre, ist keine nebensächliche, sondern eine hochgradig politische Frage. Sie wird daher seit Jahrzehnten intensiv und kontrovers diskutiert. Der vermeintlich zwingende «Clash of Civilizations» zwischen der «westlichen» und einer «islamischen» Welt, wie ihn manche Meinungsmacher in Anlehnung an den amerikanischen Politologen Samuel Huntington proklamieren, verleiht ihr zusätzliche Aktualität.

Vor den christlichen Eroberungen hatten die Muslime in al-Andalus wie überall im islamischen Herrschaftsbereich Juden und Christen unter strengen Auflagen die Beibehaltung ihrer Religion und deren reduzierte und kontrollierte Ausübung gestattet. Beide Religionsgemeinschaften galten als «Völker des Buches» (arab. *ahl al-kitāb*) und fielen daher unter das bereits erwähnte Sonderrecht der *Ḏimma*. Ihr untergeordneter Status drückte sich nicht nur in Sonderabgaben und geringeren Rechten, sondern verschiedentlich auch darin aus, dass sie sich durch ein Abzeichen auf ihrer Kleidung kenntlich machen mussten.

Dennoch prägten im muslimischen al-Andalus Christen wie Juden lange das Stadtbild. Im Verlauf des 9. bis 11. Jahrhunderts führte die soziale und wirtschaftliche Diskriminierung zur Migration beziehungsweise Islamisierung sehr vieler Christen. Die strengere Behandlung Andersgläubiger und religiöser Abweichler durch die Almoraviden und die Almohaden tat ein Übriges, so dass seit der Mitte des 12. Jahrhunderts das christliche Leben in muslimischen Städten kaum noch in den Quellen greifbar wird. Jüdische Gemeinden hingegen blieben trotz des zwischenzeitlichen Drucks strenggläubiger Herrscher bis zum Ende des letzten muslimischen Reichs im Jahre 1492 ein vitales Element in vielen Städten von al-Andalus. Berühmt ist das sogenannte «Goldene Zeitalter» jüdischen Lebens auf der Iberischen Halbinsel, die Zeit zwischen dem 11. und 13. Jahrhundert, in dem Juden im muslimischen al-Andalus mitunter wichtige Positionen in der Verwaltung besetzen konnten und im kulturellen Bereich Großartiges leisteten. Im Umgang mit den Andersgläubigen lässt sich damit in al-Andalus sowohl Duldung als auch Segregation und Vertreibung beobachten.

Unter dem Kreuz

Auch in den christlichen Reichen auf der Iberischen Halbinsel existierten bis zum Ende des Mittelalters in vielen Städten jüdische Gemeinden (span. *aljamas*), die in eigenen Judenvierteln (span. *juderías*), bis ins 15. Jahrhundert hinein aber nicht ghettoisiert lebten. Auch unter christlicher Herrschaft konnten einige Juden vor allem im 12. und 13. Jahrhundert insbesondere in der königlichen Verwaltung aufsteigen, und es fanden sich ebenso durchaus blühende Gemeinden mit eigener Selbstverwaltung, allerdings in direkter Abhängigkeit von Herrschern bzw. regionalen Herren. Zu dieser Zeit betrug der Anteil jüdischer Stadtbewohner in einigen Ortschaften Kastiliens 15 Prozent der Bevölkerung. Die Quellen liefern vielfältige Informationen über die teils friedlichen, teils unversöhnlichen Beziehungen zwischen der jüdischen Minderheit und der christlichen Mehrheitsbevölkerung. Und wie die Texte zeigen, kann man keineswegs von einem konfliktfreien Miteinander der Kulturen und Religionen ausgehen. Im Gegenteil, die Markierung von Unterschieden gehörte zu dieser Form des Zusammenlebens untrennbar dazu, was sich in Schmähungen, Repressionen, dem Werfen von Steinen u. a. m. niederschlug, aber insgesamt selten in Gewaltexzessen. Letztlich trug die Präsenz des zum Fremden Erklärten sowohl auf christlicher wie auch auf jüdischer Seite zur Stabilisierung der jeweiligen Partikulargesellschaft bei.

Die Situation änderte sich gegen Ende des 14. Jahrhunderts. Bereits seit der Mitte des vorangegangenen Jahrhunderts war der Missionsdruck gegenüber den Juden in iberischen Städten angestiegen, mit den blutigen Pogromen von 1391 aber erreichte er eine bislang unbekannte Intensität und Gewaltstufe. Migration, Massen- und Scheinkonversionen sowie die dadurch ausgelöste Einrichtung der spanischen Inquisition im 15. Jahrhundert waren die schlimmen Folgen. 1492 erging durch die Königin von Kastilien und den König von Aragon das Dekret, dass alle iberischen Juden (sie werden seitdem als sephardische Juden bezeichnet) ihre Reiche zu verlassen hätten, 1496 zog der portugiesische König Manuel I. (gest. 1521) nach. Die meisten Vertriebenen wanderten in den islamischen Herrschaftsbereich aus, einige aber auch in christliche Länder wie die Niederlande.

In dieser Zeit (in Kastilien 1502, in Aragon 1525) wurden auch die letzten Muslime der Iberischen Halbinsel zur Taufe gezwungen. Jahrhundertelang hatten sie in allen iberischen Reichen, allerdings in ganz unterschiedlicher Dichte, eigene Gemeinden (span. *aljamas*) gebildet, die oft in speziellen Vierteln (span. *morerías*) lebten. Die Muslime unter christlicher Herrschaft werden in der Regel als Mudejaren bezeichnet. Der Name *mudéjar* leitet sich von arab. *mudajjan* (gezähmtes Tier) ab, einem Schimpfwort, das in Granada und Marokko für die andalusischen Muslime benutzt wurde, die ihre Heimat nach der Eroberung durch die Christen nicht verließen.

Denn in der Tat verließen viele andere mehr oder minder unfreiwillig das Land. Die meisten Eliten, auch die Gelehrten, zogen die Migration einem Leben unter christlicher Herrschaft vor. Andere erlitten noch Schlimmeres: Vor allem in militärisch oder politisch neuralgischen Zonen wie in Grenzgebieten, aber auch in vielen Städten wurden die überlebenden Muslime schlichtweg vertrieben, soweit sie nicht nach der gewaltsamen Eroberung gefangengenommen bzw. als Sklavinnen und Sklaven verkauft worden waren. Gerade diejenigen, die sich etwa bei einer Belagerung nicht zur kampflosen Aufgabe bereit erklärten und bis zu ihrer bitteren Niederlage gegen die Christen kämpften, konnten kaum Hoffnung hegen, ihre Freiheit zu behalten. Genau wie die Antike und das Zeitalter des atlantischen Sklavenhandels kannte auch das Mittelalter die Sklaverei, und zwar sowohl auf christlicher wie auf muslimischer Seite. Versklavte Muslime, entweder auf den Sklavenmärkten eingekauft oder als Kriegsgefangene verschleppt, gehörten zum Stadtbild dieser Zeit auf der Iberischen Halbinsel.

Unter gewissen Bedingungen und in bestimmten Regionen hingegen durften die Unterworfenen im Land bleiben. Die rechtliche Grundlage für diese Sonderstellung bildeten oftmals die Kapitulationsverträge, welche im Zuge der Kampfhandlungen zwischen Angreifern und Verteidigern ausgehandelt worden waren. Der noch heute erhaltene und zweisprachig in Latein und Arabisch aufgesetzte Übergabevertrag von Xàtiva im Königreich Valencia ist lediglich ein besonders spektakuläres und gut erforschtes Beispiel für diese Form der vertraglich abgesicherten Eroberung.

Wie die Dhimmis in al-Andalus bildeten auch die unterworfenen und im Lande gebliebenen Muslime – gemeinsam mit den Juden – minderberechtigte Gruppen von Andersgläubigen. Doch leiteten sich diese Rechte nicht aus einem eigenen Rechtsstatus wie dem der Dhimmis ab, die *mudéjares* waren also keineswegs grundsätzlich gesichert. Allerdings genossen sie in der Praxis verschiedentlich weitgehende – wenngleich eingeschränkte – Religionsfreiheit, eigene Niedergerichtsbarkeit und eine Reihe garantierter Rechte. Auch in den christlichen Reichen der Iberischen Halbinsel stoßen wir also auf die Trias Duldung, Segregation und Vertreibung.

Gerade die verbrieften Privilegien sind im Übrigen der Grund für die umfangreiche Quellenüberlieferung, die heutigen Historikerinnen und Historikern zur Verfügung steht. Die vielen königlichen Anweisungen und Entscheidungen, die hohe Zahl muslimischer Klagen und Petitionen, die noch immer die spanischen Archive füllen, erlauben es, die Lebensverhältnisse der iberischen Muslime unter christlicher Herrschaft genauer zu erforschen als diejenigen irgendeiner anderen religiösen Minderheitengruppe im christlichen Lateineuropa.

Allerdings garantierte die schriftlich fixierte Einigung mit den Eroberern in der Praxis keineswegs immer die versprochene Sicherheit. Beinahe regelhaft lässt sich beobachten, wie die Sieger die eingegangenen Verpflichtungen über kurz oder lang unterliefen. Sie nahmen dazu in vielen Fällen nichtige Verstöße zum Anlass, in anderen Fällen noch nicht einmal dies. Solche Vertragsbrüche – also die Übertretung oft sehr weitgehender, schriftlich fixierter Zusagen – waren der Grund für muslimische Revolten. Sowohl im Königreich Kastilien als auch in Teilreichen der katalano-aragonesischen Konföderation brachen im 13. bis 15. Jahrhundert wiederholt solche Rebellionen aus, die stets blutig niedergeschlagen wurden und regelmäßig mit der Vertreibung oder Versklavung der Aufständischen endeten.

Als Folge der teils schleichenden, teils dramatischen Enteignung nahm im Laufe des späten Mittelalters die Zahl städtischer Mudejarengemeinden auf der Iberischen Halbinsel stark ab. Und dennoch blieb eine signifikante, wenngleich unregelmäßig über die christlichen Reiche verteilte Minderheit im Land. Regionen, in denen kleine Gruppen oder überhaupt keine Muslime wohnhaft waren, standen anderen mit muslimischen Mehrheiten oder fast ausgeglichenen Zahlenverhältnissen – wie das obere Ebro-Tal in Aragon und das südliche Valencia – gegenüber. Erst seit der Mitte des 13. Jahrhunderts setzten hier nie konsequent betriebene christliche Missionierungsversuche ein, die allerdings weitgehend erfolglos blieben.

In diesen Regionen besaß die arabischsprachige muslimische Minderheit oftmals eine eigene Gemeindeverwaltung mit lokal gewählten Vertretern und begrenzter autonomer Rechtsprechung. Die *mudéjares* lebten mehrheitlich als Bauern auf dem Land, wo sie als Pächter nicht nur weltlicher Herren, sondern vielfach auch der Kirchen und sogar der Ritterorden bezeugt sind. Keine dieser kirchlichen Einrichtungen, auch nicht die zum

Kampf gegen Muslime gegründeten Ritterorden, zeigten ein ausgeprägtes Interesse an der Missionierung ihrer muslimischen Untertanen.

Mudejaren sind aber durchaus auch in den Städten bezeugt, in denen muslimische Handwerker häufig in vor den Stadtmauern gelegenen, sogenannten «Maurenvierteln» (span. *morerías*) ihrem Gewerbe nachgingen. Ganze Berufszweige können als Spezialgebiete der Mudejaren gelten: Dazu gehören zum Beispiel die Medizin und Veterinärmedizin, die Wasserwirtschaft und das Bauhandwerk. Noch heute zeugen viele Paläste, aber auch Kirchen und andere Bauten, die im Mudéjar-Stil ausgeführt wurden, von der breiten Anerkennung ihrer Kunstfertigkeit unter Muslimen wie unter Christen. Erst die weite Teile Europas und die iberischen Reiche gleichermaßen ergreifenden wirtschaftlichen und sozialen Krisen seit der Mitte des 14. Jahrhunderts (Pest etc.) brachten eine deutliche Verschlechterung der Lebensverhältnisse: Ab dieser Zeit lassen sich Zuspitzungen im Umgang mit den *mudéjares* feststellen, denen immer häufiger Kollaboration mit muslimischen Feinden in Nordafrika nachgesagt wurde; 1452 kam es in Valencia sogar zu einem antimuslimischen Pogrom.

Abgrenzungsbemühungen

Doch insgesamt zeichnen die Quellen das Bild eines gewissen Nebeneinanders der Glaubensgemeinschaften – freilich keines toleranten Miteinanders. Zahlreich sind vor allem in der Krone Aragon die Nachrichten über Alltagskontakte – vor allem im wirtschaftlichen Bereich – zwischen Muslimen und Christen sowie über die – offenbar erfolglosen – Bemühungen der weltlichen wie geistlichen Obrigkeit, Formen des sozialen Austauschs, insbesondere sexuelle Kontakte, zu unterbinden. Christliche und muslimische Autoritäten fanden sich dabei in einem gemeinsamen Interesse an sozialer Segregation vereint. Denn nicht nur die herrschenden Christen, sondern auch die unterworfenen Muslime und die jüdischen Minderheiten bemühten sich um eine kontrollierte Distanz zueinander. Solche Abgrenzungsbemühungen dienten Juden und Muslimen unter christlicher Herrschaft vor allem als Mittel, ihre Identität zu wahren und damit letztlich das Überleben als eigenständige Gesellschaftsgruppe sicherzustellen. Um die mitunter lange Geschichte diasporischer Gemeinschaften in der Geschichte Europas zu verstehen, darf man nicht vorschnell von einem ausgeprägten Streben der Minderheiten nach Assimilation ausgehen. Das bedeutet, dass beide Seiten – dominante Gesellschaften wie religiöse Minderheiten – ein Interesse daran hatten, das Eigene vom Anderen abzugrenzen. Christliche Autoritäten wiederum profitierten von den strengen Strafen für Übertretungen der religiös-rechtlichen Grenzen, weil die Strafgelder der königlichen Kasse zuflossen. Musliminnen etwa, die sich sexueller Kontakte mit Christen schuldig gemacht hatten, wurden zu (verkäuflichen) Sklavinnen der Krone.

Doch trotz aller Bemühungen um Abgrenzung und aller nachweisbaren Spannungen zwischen Religionsgemeinschaften liegen bis zum Ende des Mittelalters zahlreiche Hinweise auf Kontakt und Austausch auf der Alltagsebene vor – Dokumente, die vom Besuch religiöser Feste des Anderen berichten, von interreligiösen Liebesbeziehungen und den aus ihnen hervorgegangenen gemeinsamen Kindern, von Handel und Wandel zwischen Christen und Muslimen. Sie zeigen: Religionszugehörigkeit war im Mittelalter zwar eine wichtige, aber keineswegs die einzige identitätsstiftende Größe. Mit ihr konkurrierten andere Faktoren wie zum Beispiel Beruf, sozialer Stand oder geographische Herkunft, die wiederum Brücken über Religionsgrenzen hinweg schlagen konnten.

Was vor allem den Umgang mit anderen Religionsgemeinschaften auf der Iberischen Halbinsel kennzeichnete, war also nicht *convivencia* oder das moderne Konzept der Toleranz, denn weder wurde der Umgang mit dem Anderen unter Gleichheitsaspekten theoretisch reflektiert, noch wurde das Zusammenleben unterschiedlicher Glaubensgemeinschaften als ein Ziel gefordert oder gefördert. Vielmehr prägte Pragmatik das Verhältnis zu den religiösen Minderheiten auf der Iberischen Halbinsel im Mittelalter. Für die dominanten Religionen, seien es die Christen oder die Muslime, war es sowohl aus wirtschaftlicher als auch aus sozialer Perspektive gesehen «konvenient», es war bequem und nützlich, unterworfene Andersgläubige nicht zu bekehren und diese als Minderheit im Lande zu belassen. Dennoch: Die Vielzahl unterschiedlicher Sondergruppen in den iberischen Reichen des Mittelalters bedingte sehr wohl Kenntnisse über das Andere. Die kulturelle und kognitive Pluralität dieser Gesellschaften sollte ebenso unterstrichen werden wie ihre ethnische und religiöse Vielfalt.

Emigration – Immigration

Die Auswanderung unterworfener Christen aus al-Andalus ging Hand in Hand mit der Einwanderung muslimischer Siedler. Ebenso besteht ein direkter Zusammenhang zwischen der Emigration unterworfener Muslime und der christlichen Immigration in die neu eroberten Gebiete. Für das quellenarme Frühmittelalter und damit für die Umayyadenzeit ist diese Beziehung jedoch nicht zufriedenstellend nachzuvollziehen. Die christlich beherrschten Territorien des hohen und späten Mittelalters hingegen liefern mehr Informationen. Gleichwohl gibt es in der Forschung Uneinigkeit in wichtigen Fragen dieser häufig mit dem Begriff der *repoblación* (Wiederbesiedlung) benannten Vorgänge. Nicht immer ist klar, woher die Siedler kamen und welche Lebensbedingungen sie vorfanden bzw. entwickelten. Und noch umstrittener ist, inwieweit die besiedelten Gegenden menschenarm oder gar vollkommen menschenleer waren. Diese Frage ist deswegen bedeutsam, weil es einen großen Unterschied für die heutige Beurteilung dieses Besiedlungsvorgangs macht, ob die Landbevölkerung dabei gewaltsam vertrieben wurde oder ob unbesiedeltes Gebiet im Sinne der Landnahme erstmals kultiviert und damit urbar gemacht wurde.

Die Ortsnamensforschung und vor allem die Archäologie haben in diesem Feld wichtige Erkenntnisse gebracht. Ging man zum Beispiel für die Gebiete nördlich und südlich des Duero-Tals in der Forschung lange von einer wüsten, fast menschenleeren Grenzzone aus, so ist dieses Bild mithilfe dieser beiden

Wissenschaften mittlerweile revidiert worden: Demnach handelte es sich bei diesen Räumen vielmehr um Gebiete, die vom 8. bis zum 10. Jahrhundert zwar einen markanten Rückgang der Bevölkerung durchliefen, aber nicht vollständig entvölkert wurden. Die sie bewohnenden Gesellschaften waren nur schwach organisiert und hatten wenig mit den jeweiligen Kerngebieten in al-Andalus bzw. im christlichen Norden gemein. Die Einverleibung dieser menschenarmen Gegenden in die expandierenden christlichen Königreiche erfolgte schubweise, im Wesentlichen durch kolonisatorische, nicht gewaltsame Besiedlung. Der lateinische Quellenbegriff der *presura* bzw. der *aprisio*, mit dem seit dem ausgehenden 8. Jahrhundert eine für die Grenzbewohner besonders attraktive Rechtsform zur Besiedlung solch neu eroberter Gebiete bezeichnet wurde, lässt diese Dimension der kolonisatorischen Besitzergreifung (span. *colonización*) noch erkennen. In einem zweiten Schritt wurden diese Gebiete dann herrschaftlich durchdrungen und systematischer besiedelt, wofür sich in der Forschung der Begriff der *repoblación* eingebürgert hat.

Die Träger dieser Prozesse waren demnach anfangs nicht so sehr die Könige, welche die bereits verschiedentlich erwähnten hofnahen, alttestamentlich eingefärbten Chroniken in Auftrag gaben, oder Geistliche, die theologisch begründete Schriften über die Segnungen des Glaubenskampfs verfassten. Vielmehr handelte es sich um einzelne Familien oder um Kämpfer bzw. Milizen, die oftmals autonom und offenbar wenig kontrolliert die Grenzen zwischen christlich und islamisch beherrschten Gebieten verschoben. Erst seit dem 10. Jahrhundert bemühten sich die Könige und der Adel verstärkt, diese Expansion im Grenzraum zu kontrollieren. Auch Klöster hatten an diesem Prozess einen wichtigen Anteil.

Mithilfe der Archäologie und der Namensforschung ist es in Einzelfällen auch gelungen, diejenigen Regionen zu identifizieren, aus denen die Neusiedler kamen. Im Falle des südlichen Duero-Tals etwa sind dies Galicien und Asturien, Kastilien, die Rioja, das Baskenland und die Pyrenäengrafschaften. Diese Studien haben sich außerdem für die Untersuchung des Städtewesens auf der Iberischen Halbinsel als nützlich erwiesen. Wie in weiten Teilen Lateineuropas, gab es auch in den iberischen Reichen des Nordens im 12. und 13. Jahrhundert eine Phase außerordentlichen demographischen Wachstums, die sich nicht zuletzt in vielen Städtegründungen niederschlug. Besonders markant ist der Aufstieg und Ausbau von Städten entlang des sogenannten Jakobswegs (lat. *via sancti Jacobi*, span. *camino de Santiago*): Pamplona, Estella, Santo Domingo de la Calzada, Burgos, León etc. Hier lässt sich feststellen, dass auffällig viele Einwanderer aus Gebieten jenseits der Pyrenäen stammten. Diese in den lateinischen Quellen als *franci* bezeichneten Fremdlinge bewohnten eigene Viertel oder Straßenzüge (lat. *burgus francorum* bzw. *via/rua francorum* etc.) in den neu sich formenden Ortschaften des nicht zufällig als *camino francés* (Weg der Franzosen) bekannten Jakobswegs. Teilweise entstanden hier Sondergemeinden mit eigenen Rechten. Solche Privilegierungen stellten ein Entgegenkommen seitens der Stadt- oder Landesherren dar, das dazu diente, die Fremden für die Ansiedlung in einer neu zu erschließenden, teilweise nicht ungefährlichen Umgebung zu gewinnen.

Am deutlichsten wird die rechtliche Sonderstellung der Kolonisten in den Siedlungsurkunden (span. *cartas de puebla*, katal. *cartes de franquicia*), die den Bewohnern neu gegründeter Ortschaften ausgestellt wurden, sowie in den spezifischen Rechtssammlungen (span. *fueros*, katal. *furs*) dieser jungen Gemeinden. Neu entstandene Orte erhielten urkundlich fixierte Rechte und bildeten ein eigenes Territorium aus (in Portugal, León und Kastilien häufig als *alfoz* bezeichnet).

Vor allem *fueros* wie etwa der berühmte *fuero* von Sepúlveda (1076), der *fuero* von Teruel (1176) oder der *fuero* von Cuenca (ca. 1190), die wiederum anderen Ortschaften als Vorbild dienten, sind aufschlussreiche Zeugnisse mittelalterlicher Grenzgesellschaften. Sie belegen nicht nur die häufige Präsenz von Juden und auch Muslimen unter christlicher Herrschaft, sondern ebenso die Regelungen, die im Alltag – zum Beispiel hinsichtlich der Nutzung öffentlicher Badehäuser durch Angehörige unterschiedlicher Religionen – getroffen wurden. Zudem geben sie

Auskunft über Instrumente der Konfliktregelung in Ortschaften, die sich weitgehend selbst verwalteten, über Maßnahmen zum Schutz der Ehre und der Unversehrtheit der Einwohnerinnen oder über die gemeinschaftliche militärische Verteidigung und die Fähigkeit zum bewaffneten Angriff. Die dort erwähnten städtischen Milizen (span. *milicias*), deren Angehörige Raubzüge durchführten, aber auch zum Heeresdienst eingezogen werden konnten, bildeten eine wesentliche Grundlage für die christliche Expansion des Mittelalters. Die Könige, aber auch die Landesherren griffen gerne und häufig auf sie zurück.

Wer aber waren diese Landesherren, die Siedler ins Land lockten und damit die sogenannte *repoblación* vorantrieben? Mitunter handelte es sich um die Könige, die einen Teil der eroberten Gebiete als Königsland (span. *realengo*) behielten. Weitaus mehr Land indes wurde den Personen und Institutionen übertragen, welche an den Eroberungen teilhatten. Insbesondere der Adel, die Kirche, die Orden und hier besonders die Ritterorden profitierten auf diese Weise von der Expansion und wurden zu Eigentümern umfangreicher Besitzungen (span. *señoríos*), die sie systematisch kolonisierten.

Ähnlich verfuhr man später im 13. Jahrhundert im Zuge der Eroberungen von Städten in Andalusien und im Königreich Valencia, wobei hier die Siedler so gut wie ausschließlich von der Iberischen Halbinsel und nicht mehr von jenseits der Pyrenäen stammten. Wir wissen dies dank der sogenannten *repartimientos* – Listen der in den eroberten Städten neu verteilten Immobilien. Die *repartimientos* geben nicht nur Aufschluss darüber, welche Individuen oder Institutionen die Häuser der Besiegten übernahmen, sondern nennen in der Regel auch die Namen der Vertriebenen. Nicht zuletzt enthalten sie oft Informationen über die Herkunft der Neusiedler. Die spezifische Zusammensetzung dieser Siedlergemeinschaften zeitigte Folgen, die bis in die Gegenwart andauern. Noch heute wird zum Beispiel auf den Balearen, die zwischen 1229 und 1287 vorwiegend von Katalanen und nicht von Aragonesen erobert wurden, eine bestimmte Variante des Katalanischen gesprochen, während in der autonomen Region Valencia je nach Herkunft der mittelalterlichen

Siedler – Aragon oder Katalonien – das Kastilische oder Valencianische (ebenfalls ein Dialekt des Katalanischen) vorherrschen.

Im späteren Mittelalter brachen teils gewaltsame Konfliktlinien zwischen den Territorialmächten der Grenzgebiete auf: zwischen den bedeutenden Städten mit ihren umfangreichen Territorien (span. *alfoces*), zwischen den adligen und kirchlichen Landesherren mit ihren *señoríos*, den Ritterorden mit ihren umfangreichen Besitzungen sowie den Königen mit ihren teils regionalen, teils früh-nationalstaatlichen Interessen. Diese Spannungslagen sollten auch für die letzte Phase der «Reconquista», für den Kampf um Granada, von Bedeutung werden.

10. Iberisches Ende und amerikanische Anfänge (1481–ca. 1550)

Krieg um Granada

Vor allem innenpolitische Faktoren standen hinter dem letzten großen militärischen Konflikt der iberischen «Reconquista», dem Krieg um Granada. Im Jahre 1469 hatte Prinzessin Isabella von Kastilien (gest. 1504) den Erbprinzen von Aragon, Ferdinand (gest. 1516), geheiratet. Doch diese Verbindung war durchaus heikel, da sie zum einen überraschend, fast im Geheimen und ohne Absprache mit einflussreichen kastilischen Entscheidungsträgern vollzogen wurde und zum anderen die Thronansprüche Isabellas von Kastilien umstritten waren: Die ehrgeizige Prinzessin hatte sich in einem zähen Ringen, das auch vor Schmutzkampagnen und Verleumdungen nicht Halt machte, gegen ihre im Grunde besser legitimierte Halbschwester durchgesetzt. Die Herrschaft des später aufgrund ihrer Eroberung Granadas als «Katholische Könige» in die Geschichte eingegangenen Ehepaares war daher anfangs hochgradig instabil. Auch wenn an dessen religiöser Motivation nicht gezweifelt zu werden braucht: Der Krieg gegen die Muslime bot Isabella von Kastilien und Ferdinand von Aragon auch die Gelegenheit, den unruhigen, in Fraktionen gespaltenen Adel ihrer Königreiche um sich zu scharen und auf ein gemeinsames Ziel zu vereinen.

Der Krieg selbst erwies sich als zäh und blutig. Das Nasridenreich von Granada umfasste rund 80 Festungsanlagen, 33 größere Städte (span. *ciudades*) und 65 kleinere *villas*. Von 1481 bis 1492 wurden in jedem Frühjahr Kriegszüge von drei- bis viermonatiger Dauer durchgeführt, die zumindest in den ersten Jahren keineswegs durchgehend mit christlichen Siegen endeten. Dennoch wurden Stück für Stück wesentliche Territorien des Nasridenreiches – häufig durch langwierige Belagerungen und eine Taktik der «verbrannten Erde» – eingenommen: Alhama 1482, Ronda 1484, Loja 1486, Málaga 1487, Baza und Almería 1489 usw. Finanziert wurden die Feldzüge durch Kirchenzehnten, den Verkauf von Kreuzzugsablässen, Sondersteuern vor allem in Andalusien und durch Kredite, die nicht zuletzt bei den religiösen Minderheiten aufgenommen wurden. Die Päpste lieferten Beistand in Form von Kreuzzugsbullen, welche die Eroberung des nasridischen Granada mit derjenigen Konstantinopels (Istanbuls) aus der Hand der Osmanen gleichsetzten. Militärisch unterstützt wurden die kastilischen und aragonesischen Truppen, die Kontingente der Ritterorden, der Städte sowie militärischer Bruderschaften (*Santa Hermandad*) sowohl von ausländischen Kreuzfahrern als auch von Söldnern. So leisteten zum Beispiel deutsche und Schweizer Artilleristen in den christlichen Reihen wichtige Dienste, wie überhaupt Feuerwaffen, etwa in Form von Kanonen, in diesem Krieg eine große Rolle spielten. Noch heute kann man an dem von einem Brabanter Holzschnitzer gefertigten Chorgestühl der Kathedrale von Toledo die wesentlichen Etappen dieses Kriegszugs und die Nutzung neuer Technologien verfolgen.

Das allmähliche Vorrücken der Christen wurde wesentlich durch innere Spannungen im Nasridenreich begünstigt. Dynastischer Streit zwischen Sultan Abū l-Ḥasan ʿAlī ibn Saʿad (span. Muley Hacén, gest. 1485), seinem Bruder und seinem Sohn, dem späteren Muḥammad XII. (gest. ca. 1533), verband sich mit den Rivalitäten mächtiger Clans an der Grenze zu einer für den Fortbestand des Reiches gefährlichen und komplexen Gemengelage. Vor allem bestand auch Uneinigkeit darüber, ob man sich mit den Christen arrangieren oder diese bekämpfen sollte.

In den letzten Jahren des Konflikts setzten die Nasriden auf eine Politik des «Appeasements», doch letztlich ohne Erfolg: Am 2. Januar 1492 wurde die von Flüchtlingen überlaufene Hauptstadt Granada von den Christen eingenommen. Dies war nicht das Ergebnis einer langwierigen, blutigen Belagerung wie etwa im Falle Málagas. Vielmehr vollzog sich der Herrschaftswechsel in diesem Fall weitgehend friedlich. Das christliche Heer hatte zwar zuvor die fruchtbare Ebene von Granada, die Vega, erobert und 1490 mit Santa Fe eine Garnisonsstadt errichtet, die noch heute an ihrem Aufbau ihren militärischen Charakter erkennen lässt. Aber Granada wurde nicht im Sturm genommen, sondern aufgrund eines Kapitulationsvertrages mit Sultan Muḥammad XII. (span. Boabdil), der sich im Gegenzug eine eigene Herrschaft in den Alpujarras ausbedang, den Belagerern ausgehändigt. Das Königreich Granada fiel an Kastilien; christliche Siedler aus Andalusien, Kastilien und Murcia strömten ins Land.

Der Sieg der Christen wurde in Rom mit festlichen Prozessionen gefeiert und von den siegreichen Herrschern stolz den anderen europäischen Königshöfen gemeldet. Zumal in Kastilien wurde er von gebildeten Autoren als Endpunkt einer jahrhundertelang währenden Auseinandersetzung inszeniert. Die finale Dimension des Ereignisses wurde dadurch verstärkt, dass noch im selben Jahr die Königin verfügte, dass sich alle Juden ihres Reiches entweder taufen lassen sollten oder das Land zu verlassen hätten. Zweifellos war diese Entscheidung auch wirtschaftlich motiviert, standen die Könige doch bei jüdischen Geldgebern hoch in der Schuld. Allerdings sind religiöse und protonationale Beweggründe ebenfalls nicht zu verkennen: Gerade Isabella konstruierte ihr Reich nun als ein einheitlich christliches Staatsgebilde, in dem Andersgläubige keinen Platz mehr hatten. Ergänzt wurde diese Vorstellung durch apokalyptische und millenaristische Visionen eines endgültigen Sieges christlicher Herrscher über die «Ungläubigen» sowie durch humanistische Vorstellungen einer wiedervereinten, antik-klassischen *Hispania.* 1502 in

Kastilien, 1525 in Aragon standen die Muslime des Landes scheinbar vor der Wahl zwischen Konversion und Exil, tatsächlich jedoch wurden sie zur Taufe gezwungen. Den Endpunkt dieser traurigen Entwicklung stellte die Vertreibung der sogenannten Morisken (span. *moriscos*) im Jahre 1609/10 aus den iberischen Reichen dar, das heißt die Ausweisung der christlichen Nachfahren ehemaliger muslimischer, jedoch zum Christentum konvertierter Einwohner der Iberischen Halbinsel.

Erinnerungsgeschichte und Fortleben der «Reconquista»-Ideologie

Mit dem Abschluss der großen christlichen Offensiven 1492 verlor das Konzept der «Reconquista» keineswegs seine Wirkungskraft. Doch diente es nun zunehmend als fundierender Mythos nicht nur königlicher, sondern auch adliger Geschlechter. Die erinnerungsgeschichtliche Dimension der christlichen Eroberungen im Denken und Schreiben des Spätmittelalters und der Frühen Neuzeit bedarf noch immer eingehender Aufarbeitung. Vor allem die adlige Chronistik ist noch darauf hin zu analysieren, inwiefern Spitzenahnen einer Familie mit Hilfe von Erzählungen über deren Teilnahme an Kämpfen gegen die Muslime nachträglich nobilitiert und Geschlechter dadurch mit einer legitimierenden Geschichte ausgestattet wurden. Balladen über den Grenzkrieg hielten nicht nur an der ehemaligen *frontera* das Gedenken an die Konflikte wach beziehungsweise schufen neue, mitunter ahistorische, aber darum nicht minder wirksame, scheinbare Erinnerungen. Manche von ihnen leben noch heute in den sogenannten *fiestas de cristianos y moros* fort – volksfestartigen Umzügen, welche Kämpfe zwischen Muslimen und Christen im öffentlichen Raum inszenieren und nachspielen.

Die erinnerungsgeschichtliche Dimension der «Reconquista» im spanischen Mittelalter und in der Gegenwart reicht indes noch weiter. Auch manche Institutionen wie etwa Klöster gründeten ihre Anfänge und damit ein zentrales Element ihres historischen Selbstverständnisses auf den Glaubenskampf. Man denke allein an das kastilische Kloster Cardeña und den dort entwickelten Kult des Cid Campeador. Das Gleiche lässt sich in einigen Städten beobachten. Die spätmittelalterliche Karlsverehrung im katalanischen Girona zum Beispiel ist aus dieser Perspektive nicht alleine als ein Bemühen um die historische Anbindung an das Karolingerreich zu verstehen, sie ist gleichermaßen als ein Beispiel für die fundierende Rolle des – hier lediglich vermeintlichen – Krieges gegen Muslime für das Selbstverständnis mancher urbanen Gesellschaften des iberischen Mittelalters zu begreifen. Auch in diesem Feld der Erinnerungsforschung bleibt noch einiges an Arbeit und Erkenntnismöglichkeiten.

Dies gilt ebenso für die atlantische, frühneuzeitliche Dimension der «Reconquista». Die geographischen Gegebenheiten der von Meeren umgebenen Iberischen Halbinsel befördern den Eindruck, dass mit der vollständigen christlichen Beherrschung und der Vertreibung der Juden und Muslime ein Prozess der Eroberung zu seinem gewissermaßen «natürlichen» Ende gekommen sei. Doch ist diese Vorstellung irrig. Zum einen sollte man sich grundsätzlich vor Raumdeterminismen hüten, die aufgrund von natürlichen Begebenheiten Herrschaftsansprüche begründen und legitimieren, zum anderen lebte die «Reconquista» als Idee und Motor für die atlantische Expansion Portugals und Spaniens in die sogenannte Neue Welt weiter.

Schon im Hochmittelalter entstanden auf der Iberischen Halbinsel Texte, welche die Ausdehnung christlicher Eroberungszüge über die Meerenge von Gibraltar hinaus propagierten. Autoren des beginnenden 12. Jahrhunderts kündigten an, einen Landweg durch Nordafrika eröffnen zu wollen, um auf diese Weise Jerusalem zu erobern. Hundert Jahre später spielte Ferdinand III. von Kastilien ebenso wie sein Sohn Alfons X. nach der Eroberung Sevillas 1248 offenbar mit dem Gedanken, Brückenköpfe im heutigen Marokko einzunehmen.

Im 15. Jahrhundert wurden solche Vorhaben in die Tat umgesetzt: Im Jahre 1415 eroberten portugiesische Truppen mithilfe Freiwilliger von jenseits der Pyrenäen die Stadt Sabta (span. Ceuta) aus der Hand der Meriniden. Dies bildete den Auftakt zu kriegerischen Unternehmen der Portugiesen in Nordwestafrika: Im Jahre 1458 wurde al-Qaṣr aṣ-Ṣeghir (port. Alcácer-Ceguer) attackiert, 1471 Ṭanǧa (span. Tanger) und Aẓila (port. Arzil). Kastilien wiederum griff nach der Einnahme des Nasridenreiches ebenfalls über das Mittelmeer aus: 1497 nahmen kastilische Truppen die Stadt Melilla ein, die noch immer eine Exklave Spaniens ist. In den Folgejahren bis 1510 wurden Kriegszüge gegen Oran (arab. Wahrān), Bejaia (Bugia) und Algier (arab. al-Ǧazāʿir) an der nordafrikanischen Küste geführt.

Flankiert wurden diese militärischen Unternehmen durch vorwiegend kommerziell motivierte Fahrten portugiesischer Kaufleute und Seemänner. Neben dem überdeutlichen Interesse an afrikanischem Gold und Sklaven führten die portugiesischen, aber auch die ebenfalls im Atlantik aktiven kastilischen Könige religiöse Gründe für diese Fahrten an. Die planmäßige Eroberung und Besiedlung der Kanarischen Inseln durch das Königreich Kastilien in der zweiten Hälfte des 15. Jahrhunderts etwa wurde mit der Missionierung der einheimischen Bevölkerung begründet, und die sogenannten «afrikanischen Entdeckungsfahrten» der Portugiesen sollten nicht zuletzt eine Brücke zu vermuteten oder tatsächlichen christlichen Reichen in Afrika und zum sagenhaften Land des Priesterkönigs Johannes schlagen. Mit deren Hilfe sollte die Wiedereroberung Jerusalems in Angriff genommen werden, so zumindest die Argumentation der christlichen Könige.

Noch deutlicher wird das Fortleben der «Reconquista»-Ideologie beim iberischen Ausgreifen über den Atlantik. In Fortsetzung der mittelalterlichen Expansionsrhetorik wurden die einheimischen Bewohner der Amerikas systematisch als Ungläubige apostrophiert, deren Unterwerfung als Glaubenskampf konstruiert. Dies ging sogar so weit, dass unmittelbare Parallelen zwischen der indigenen Bevölkerung Südamerikas und Muslimen gebildet wurden, etwa durch die Bezeichnung ihrer Tempel als «Moscheen». Sogar Einrichtungen und Begrifflichkeiten der mittelalterlichen «Reconquista» übertrug man auf die Amerikas, so beispielsweise die Auflage, ein Fünftel der Beute an den König abzutreten (span. *quinto real*).

Auch auf der Ebene der Akteure lassen sich Bezüge herstellen.

Mit dem Ende des Krieges um Granada und der Befriedung verschiedener Spannungslagen in und zwischen den iberischen Reichen durch die Personalunion Kastiliens und Aragons verlor der kriegerische Adel ein wesentliches Betätigungsfeld. Nun aber konnte er jenseits des Atlantiks kämpfen und erobern, und dies weiterhin im Namen Gottes. Bezeichnenderweise hatten einige Akteure der frühen transatlantischen Expansion Kastiliens wie zum Beispiel Juan Ponce de León (gest. 1521), Pedro Arias de Ávila/Pedrarias Dávila (gest. 1531) sowie Alonso de Ojeda (gest. 1515) militärische Erfahrungen in Kämpfen gegen das Nasridenreich erworben, bevor sie zu weiteren Beutezügen und Kriegen über den Atlantik segelten.

Die Bedeutung der «Reconquista» als Legitimationsmuster für die atlantische Expansion wird nicht zuletzt auch daran erkennbar, dass «Santiago» zum Schlachtruf der Konquistadoren wurde, die auch Städte in den eroberten Territorien nach dem heiligen Jakobus benannten. Santiago de Chile und Santiago de Cuba sind nur die berühmtesten unter diesen Ortschaften, die den Namen des «Maurentöters» (span. Matamoros) erhielten. Damit bewahrte die «Reconquista» bis weit über das Mittelalter hinaus ihr Potenzial als legitimierendes Deutungsmuster.

Es liegt an uns Zeitgenossen, ob wir ein im Mittelalter für die Begründung des Krieges ausgebildetes Ideologem noch heute nutzen wollen. So aufschlussreich es sein mag, sich mit der Geschichte christlich-islamischer Konflikte und mit deren Legitimierung zu beschäftigen, so sehr sollte uns dies für verwandte Ideologien der Gegenwart sensibilisieren. Gerade vor dem Hintergrund der gegenwärtig kursierenden Annahme, das Verhältnis zwischen Muslimen und Christen sei stets virulent und gewalttätig gewesen, ist es unabdingbar, zu differenzieren: Der Umgang mit den Anderen ist stets diachron, fallbezogen und kontextsensibel zu analysieren.

Selbst in der aktuellen spanischen Politik hebt die «Reconquista» wieder ihr Haupt: Rechtsradikale neo-nationalistische Bewegungen besingen Ende 2018 ein geeintes Spanien und rufen ausdrücklich zur «Reconquista» des Landes aus der Hand demokratisch gewählter autonomer Regierungen auf. Der aggressive, mitunter sogar kriegerische Unterton dieser Extremisten lässt aufhorchen. Dass auch radikal-islamische Dschihadisten von Rückeroberung, von der Wiedererrichtung eines andalusischen Kalifats reden, ist nur eine weitere Variante eines Deutungsmusters, das offenbar noch immer Gewalt zu stiften imstande ist.

Dennoch ist es geboten, bei der wissenschaftlichen Beschäftigung mit den christlich-muslimischen Beziehungen des Mittelalters deren Konfliktpotenzial nicht zu verleugnen. Es ist unzweifelhaft, dass Portugal und Spanien grundlegend durch Formen kultureller Verflechtungen geprägt worden sind. Nirgendwo in Europa lebten über Jahrhunderte hinweg mehr muslimische Gemeinden, nirgendwo sind in Gewerbe, Architektur, Ornamentik usw. künstlerische Elemente des Nordens und des Südens enger miteinander verbunden als auf der Iberischen Halbinsel, keine Sprachen weisen mehr arabische Lehnwörter auf als die iberoromanischen. Es ist eine wichtige, nicht zu verschweigende Tatsache, dass diese Austauschbeziehungen nicht immer friedlich vonstattengingen, sondern auf einem grundsätzlich spannungsreichen, sogar antagonistischen Fundament beruhten, Diese Gegensätze historisch zu untersuchen bedeutet indes nicht, sie nachträglich gutzuheißen. Dass sich die erwähnten Verflechtungsprozesse trotz – in Einzelfällen vielleicht sogar aufgrund – dieser Konflikte vollzogen, gehört zu den tröstenden Aspekten der «Reconquista».

Dank

Wesentliche Teile dieses Buches wurden im Winter 2018 während eines Forschungsaufenthalts am Institut Milà i Fontanals (IMF) des Consejo Superior de Investigaciones Científicas in Barcelona verfasst. Für ihre Gastfreundschaft möchte ich dem IMF und namentlich Roser Salicrú i Lluch sowie Anna Parramón Lloan und Henry Joseph danken. In Heidelberg haben Sandra Schieweck und Viktor Gottesmann das Manuskript einer kritischen Prüfung unterzogen, die AG «Ibero-Mediävistik» diskutierte das allgemeine Konzept; Ilona Rein erstellte das Register, Daniel König (Konstanz) lieferte wertvolle Hilfestellung, und das Lektorat des Verlags C.H.Beck leistete hervorragende Betreuung. Für alle Hinweise und Korrekturen bin ich sehr dankbar, verbliebene Fehler sind ausschließlich mir anzulasten.

Bibliographie

Synthesen

Catlos, Brian A.: *Kingdoms of Faith: A New History of Islamic Spain*, London 2018

Cristãos contra muçulmanos na idade média peninsular: bases ideológicas e doutrinais de um confronto (séculos X–XIV), hg. von Ayala Martínez, Carlos de/Fernandes, Isabel Christina Ferreira, Madrid 2015

Guichard, Pierre: *Al-Andalus: acht Jahrhunderte muslimischer Zivilisation in Spanien*, Tübingen 2005 (frz. Orig. 2000)

Herbers, Klaus: *Geschichte Spaniens im Mittelalter: vom Westgotenreich bis zum Ende des 15. Jahrhunderts*, Stuttgart 2006

Kennedy, Hugh: *Muslim Spain and Portugal: A Political History of al-Andalus*, London 1996

Lay, Stephen: *The Reconquest Kings of Portugal: Political and Cultural Reorientation on the Medieval Frontier*, Basingstoke, Hampshire 2009

Lomax, Derek W.: *The Reconquest of Spain*, New York 1978

Mestre Campi, Jesús/Sabaté, Flocel: *Atlas de la Reconquista: la frontera peninsular entre los siglos VIII y XV*, Barcelona 1998

O'Callaghan, Joseph F.: *Reconquest and Crusade in Medieval Spain*, Philadelphia 2002

Vanoli, Alessandro: *La reconquista* (UPM 566), Bologna 2009

Vones, Ludwig: *Geschichte der Iberischen Halbinsel im Mittelalter (711–1480): Reiche, Kronen, Regionen*, Sigmaringen 1993

Die muslimische Eroberung und das Umayyadenreich von Córdoba (711–1031)

Clarke, Nicola: *The Muslim Conquest of Iberia: Medieval Arabic Narratives* (Culture and civilization in the Middle East 30), London 2012

Collins, Roger: *The Arab Conquest of Spain: 710–797*, Oxford 1989

Die Mozaraber: Definitionen und Perspektiven der Forschung, hg. von Maser, Matthias/Herbers, Klaus (Geschichte und Kultur der Iberischen Welt 7), Münster-Berlin 2011

Fierro, Maribel: *Abderramán III y el califato omeya de Córdoba* (Serie media 24), Donostia-San Sebastián 2011

García Moreno, Luis A.: *España 702–719: la conquista musulmana* (Publicaciones de la Universidad de Sevilla 244), Sevilla 2013

García Sanjuan, Alejandro: *La conquista islámica de la península Ibérica y la tergiversación del pasado: del catastrofismo al negacionismo*, Madrid 2013

Manzano Moreno, Eduardo: *Conquistadores, emires y califas: los omeyas y la formación de al-Andalus*, Barcelona 2011

Manzano Moreno, Eduardo: *La frontera de al-Andalus en época de los omeyas* (Biblioteca de historia 9), Madrid 1991

Meouak, Mohamed: *Ṣaqāliba, eunuques et esclaves à la conquête du pouvoir: géographie et histoire des élites politiques ‹marginales› dans l'Espagne umayyade*, Helsinki 2004

Wasserstein, David J.: *The Caliphate in the West: an Islamic Political Institution in the Iberian Peninsula*, Oxford 1993

Reizbegriff «Reconquista»

Besga Marroquín, Armando: La Reconquista: un nombre correcto, *Letras de Deusto* 41 (2011), S. 9–91

García Fitz, Francisco: *La Reconquista*, Granada 2010

Jaspert, Nikolas: Reconquista. Interdependenzen und Tragfähigkeit eines wertekategorialen Deutungsmusters, in: *Christlicher Norden – Muslimischer Süden. Die Iberische Halbinsel im Kontext kultureller, religiöser und politischer Veränderungen zwischen dem 11. und 15. Jahrhundert*, hg. von Fidora, Alexander/Tischler, Matthias (Erudiri Sapientia 7), Frankfurt am Main 2011, S. 445–465

Kosto, Adam J.: Reconquest, Renaissance, and the Histories of Iberia, ca. 1000–1200, in: *European Transformations: The Long Twelfth Century*, hg. von Noble, Thomas F. X., Notre Dame 2012, S. 93–116

Ríos Saloma, Martín: *La reconquista en la historiografía española contemporánea*, Madrid 2013

Torró, Josep: Pour en finir avec la «Reconquête». L'occupation chrétienne d'al-Andalus, la soumission et la disparition des populations musulmanes (XIIe-XIIIe siècle), *Cahiers d'Histoire* 78 (2000), S. 79–97

Vanoli, Alessandro: *Alle origini della reconquista: pratiche e immagini della guerra tra cristianità e islam*, Torino 2003

Christliche Eroberung im Zeichen der Restauration (722–1035)

Bronisch, Alexander Pierre: *Reconquista und Heiliger Krieg. Die Deutung des Krieges im christlichen Spanien von den Westgoten bis ins frühe 12. Jahrhundert* (Spanische Forschungen der Görresgesellschaft 2/35), Münster 1998

Carvajal Castro, Álvaro: *Bajo la máscara del Regnum. La monarquía asturleonesa en León (854–1037)* (Biblioteca de historia 85), Madrid 2017

Deswarte, Thomas: *De la destruction à la restauration: l'idéologie du royaume d'Oviedo-León (VIIIe-XIe siècles)*, Turnhout 2003

Guerre, pouvoirs et ideologies dans l'Espagne chrétienne aux alentours de l'an mil, hg. von Deswarte, Thomas/Sénac, Philippe (Culture et societe medievales 4), Turnhout 2005

Isla Frez, Amancio: *Realezas hispánicas del año mil* (Galicia medieval. Estudios 6), A Coruña 1999

Riu Riu, Manuel: *La España cristiana de los siglos VIII al XI. 2: Los núcleos pirenaicos: (718–1035); Navarra, Aragón, Cataluña* (Historia de España Menéndez Pidal 7,2), Madrid 1999

Salrach i Marés, Josep M.: *Catalunya a la fi del primer mil·lenni* (Biblioteca d'història de Catalunya 4), Lleida 2004

Die Taifenreiche und ihre christlichen Nachbarn (1031–1085)

Guichard, Pierre/Soravia, Bruna: *Los reinos de taifas. Fragmentación política y esplendor*, Málaga 2006

Los reinos de taifas: al-Andalus en el siglo XI, hg. von Viguera Molíns, María Jesús/Menéndez Pidal, Ramón/Jover Zamora, José María (Historia de España Menéndez Pidal 8,1), 2. Aufl., Madrid 1996

Wasserstein, David: *The Rise and Fall of the Party Kings: Politics and Society in Islamic Spain, 1002–1086*, Princeton, N.J. 1985

Religiöse Aufladung bei Christen und Muslimen

Ayala Martínez, Carlos de: Fernando I y la sacralización de la Reconquista, *Anales de la Universidad de Alicante. Historia medieval* 17 (2011), S. 67–115

García Fitz, Francisco/Novoa Portela, Feliciano: *Cruzados en la Reconquista*, Madrid 2014

Henriet, Patrick: L'idéologie de guerre sainte dans le haut moyen âge hispanique, *Francia. Forschungen zur westeuropäischen Geschichte* 29,1 (2002), S. 171–220

Henriet, Patrick: Remarques sur la présence des musulmans dans l'hagiographie hispano-latine des VIII–XIIIe siècles, in: *Cristãos contra muçulmanos na idade média peninsular: bases ideológicas e doutrinais de um confronto (séculos X–XIV)*, hg. von de Ayala Martínez, Carlos de/Fernandes, Isabel Christina Ferreira, Madrid 2015, S. 141–161

Lay, Stephen: Escribiendo la reconquista: la consolidación de la memoria histórica en el Portugal del siglo XII, *Studia historica. Historia medieval* 29 (2011), S. 121–143

Musulmanes y cristianos en Hispania durante las conquistas de los siglos XII y XIII, hg. von Barceló, Miquel/Martínez Gázquez, José, Barcelona 2005

Orígenes y desarrollo de la guerra santa en la Península Ibérica: palabras e imágenes para una legitimación (siglos X–XIV), hg. von Ayala Martínez, Carlos de/Henriet, Patrick/Palacios Ontalva, J. Santiago (Collection de la Casa de Velázquez 154), Madrid 2016

«Reconquista» und Kreuzzug: Narrative und Praktiken

Fletcher, Richard A.: Reconquest and Crusade in Spain c. 1050–1150, *Transactions of the Royal Historical Society* 37 (1987), S. 31–47

Flori, Jean: Réforme, reconquista, croisade. L'idée de reconquête dans la correspondance pontificale d'Alexandre II à Urbain II, *Cahiers de Civilisation Médiévale* 40 (1997), S. 317–335

García-Guijarro Ramos, Luis: Reconquista and Crusade in the Central Middle Ages. A Conceptual and Historiographical Survey, in: *Crusading on the Edge: Ideas and Practice of Crusading in Iberia and the Baltic Region, 1100–1500*, hg. von Nielsen, Torben K./Fonnesberg-Schmidt, Iben (Outremer 4), Turnhout 2016, S. 55–89

Isla Frez, Amancio: Rhythms in the Process of Drawing up Crusading Proposals in the Peninsula, *Imago temporis. Medium Aevum* 9 (2015), S. 145–161

Laliena Corbera, Carlos: Holy War, Crusade and Reconquista in recent Anglo-American Historiography about the Iberian Peninsula, *Imago temporis. Medium Aevum* 9 (2015), S. 109–122

Martín, José Luis: Reconquista y cruzada, *Studia Zamorensia, II etapa* 3 (1996), S. 215–241

Purkis, William J.: *Crusading Spirituality in the Holy Land and Iberia, c.1095–C.1187*, Woodbridge 2008

Rodríguez García, José Manuel: Reconquista y cruzada. Un balance historiográfico doce años después (2000–2012), *Espacio, Tiempo y Forma 3* 26 (2013), S. 365–394

Sénac, Philippe/Laliena Corbera, Carlos: *1064, Barbastro: guerre sainte et djihâd en Espagne*, Paris 2018

Wechselndes Kriegsglück (1085–1199)

Alarcos 1195: Actas del Congreso Internacional Commemorativo del VIII Centenario de la Batalla de Alarcos, hg. von Izquierdo Benito, Ricardo/Ruiz Gómez, Francisco, Cuenca 1996

Bennison, Amira K.: *The Almoravid and Almohad Empires*, Edinburgh 2016

Fierro, Maribel: *The Almohad revolution: Politics and Religion in the Islamic West during the Twelfth-Thirteenth Centuries* (Variorum collected studies series 996), New York 2016

Huici Miranda, Ambrosio: *Las grandes batallas de la Reconquista durante las invasiones africanas: almorávides, almohades y benimerines* (ND 2000), Madrid 1956

Ladero Quesada, Miguel Ángel: *La reconquista y el proceso de diferenciación política (1035–1217)* (Historia de España Menéndez Pidal 9), Madrid 1998

Lagardère, Vincent: *Les Almoravides: le djihâd andalou*, Paris 1999

Los Almohades: problemas y perspectivas, 2 Bde., hg. von Cressier, Patrice/ Fierro, Maribel/Molina, Luis (Estudios árabes e islámicos 11), Madrid 2005

Viguera Molins, María Jesús: *El retroceso territorial de al-Andalus: Almorávides y Almohades siglos XI al XIII* (Historia de España Menéndez Pidal 8,2), Madrid 1997

Die großen christlichen Eroberungen (1199–1260)

Alvira Cabrer, Martín: *Las Navas de Tolosa 1212: idea, liturgía y memoria de la batalla*, Madrid 2012

Antoni Furió: *El rei conqueridor. Jaume I entre la història i la llegenda*, Valencia 2007

Ayala Martínez, Carlos de: *Órdenes militares, monarquía y espiritualidad militar en los reinos de Castilla y León (ss XII–XIII)*, Granada 2015

Burns, Robert Ignatius/Chevedden, Paul Edward: *Negotiating Cultures: Bilingual Surrender Treaties in Muslim Crusader Spain under James the Conqueror* (The Medieval Mediterranean 22), Köln 1999

Fernando III, tiempo de cruzada, hg. von Ayala Martínez, Carlos de/Ríos Saloma, Martín, Madrid 2012

Henriques, António Maria Braga de Macedo de Castro: *Conquista do Algarve: 1189–1249*, Lissabon 2003

La conquista de al-Andalus en el siglo XIII, hg. von Eiroa Rodríguez, Jorge Alejandro, Murcia 2012

Sevilla 1248. Congreso Internacional Conmemorativo del 750° Aniversario de la Conquista de la Ciudad de Sevilla por Fernando III, Rey de Castilla y Léon, hg. von González Jiménez, Manuel, Madrid 2000

The Worlds of Alfonso the Learned and James the Conqueror: Intellect and Force in the Middle Ages, hg. von Burns, Robert Ignatius, Princeton, N. J. 1985

Gab es eine islamische «Reconquista»?

Buresi, Pascal: La réaction idéologique dans la péninsule Ibérique face à l'expansion occidentale aux époques almoravide et almohade (XIe-XIIIe siècles), in: *L'expansion occidentale (XIe – XVe siècles): Formes et consé-*

quences, hg. von Boucheron, Patrick/Mornet, Elisabeth (Histoire ancienne et médiévale 73), Paris 2003, S. 229–241
Lagardère, Vincent: Evolution de la notion de djihad a l'epoque Almoravide (1039–1147), in: *Les Almoravides: le djihâd andalou*, hg. von Lagardère, Vincent, Paris 1999, S. 163–187
Verskin, Alan: *Islamic Law and the Crisis of the Reconquista: the Debate on the Status of Muslim Communities in Christendom* (Studies in Islamic Law and Society 39), Leiden 2015
Viguera Molins, María Jesús: Réactions des Andalusiens face à la conquête chrétienne, in: *L'expansion occidentale (XIe – XVe siècles): Formes et conséquences*, hg. von Boucheron, Patrick/Mornet, Elisabeth (Histoire ancienne et médiévale 73), Paris 2003, S. 243–251

Grenzkriege im Spätmittelalter (ca. 1260–1482)

Guerra santa y cruzada en el estrecho: el Occidente peninsular en la primera mitad del siglo XIV, hg. von Ayala Martínez, Carlos de/Palacios Ontalva, José Santiago/Ríos Saloma, Martín Federico, Madrid 2017
Ladero Quesada, Miguel Angel: *Granada: historia de un país islámico (1232–1571)* (Monografías históricas 1), Madrid 1989
Manzano Rodríguez, Miguel Á.: *La intervención de los Benimerines en la Península Ibérica*, Madrid 1992
Martínez Canales, Francisco: *La batalla del Salado 1340: hacia la reconquista del estrecho de Gibraltar* (Guerreros y batallas 87), Madrid 2013
O'Callaghan, Joseph F.: *The Gibraltar Crusade: Castile and the Battle for the Strait* (The Middle Ages series), Philadelphia 2011
Viguera Molíns, María Jesús: *El reino nazarí de Granada (1232–1492): política, instituciones* (Historia de España Menéndez Pidal 8,3), Madrid 2000

Grenzgesellschaften und ihre Herausforderungen

Buresi, Pascal: *La frontière entre chrétienté et Islam dans la péninsule Ibérique: du Tage à la Sierra Morena (fin XIe-milieu XIIIe siècle)*, Paris 2004
Cristianos y Musulmanes en la Península Ibérica: la guerra, la frontera y la convivencia, hg. von Ladero Quesada, Miguel Ángel u. a., Ávila 2009
Fronteras en discusión: la Península Ibérica en el siglo XII, hg. von Martos Quesada, Juan/Bueno Sánchez, Marisa (Laya 39), Madrid 2012
Grenzräume und Grenzüberschreitungen im Vergleich: der Osten und der Westen des mittelalterlichen Lateineuropa, hg. von Herbers, Klaus/Jaspert, Nikolas (Europa im Mittelalter 7), Berlin 2007
Hacedores de frontera: estudios sobre el contexto social de la frontera en la

España medieval, hg. von Rodríguez de la Peña, Manuel Alejandro, Madrid 2009

Identidad y representación de la frontera en la España medieval (siglos XI–XIV), hg. von Ayala Martínez, Carlos de/Buresi, Pascal/Josserand, Philippe (Collection de la Casa de Velázquez 75), Madrid 2001

Jaspert, Nikolas: Gefangenenloskauf in der Krone Aragon und die Anfänge des Mercedarierordens: Institutionelle Diversität, religiöse Kontexte, mediterrane Verflechtungen, in: *Gefangenenloskauf im Mittelmeerraum. Ein interreligiöser Vergleich*, hg. von Grieser, Heike/Priesching, Nicole (Sklaverei – Knechtschaft – Zwangsarbeit 13), Hildesheim 2015, S. 99–121

Jaspert, Nikolas: Military Orders at the Frontier: Permeability and Demarcation, in: *The Military Orders 6/2: Culture and Conflict in Western and Northern Europe*, hg. von Schenk, Jochen/Carr, Mike, Oxford 2016, S. 3–28

Powers, James F.: *A Society Organized for War: The Iberian Municipal Militias in the Central Middle Ages, 1000–1284*, Berkeley 1988

Rodríguez Molina, José: *La vida de moros y cristianos en la frontera* (Colección almayar 2), Alcalá la Real 2007

Mehr als der Cid: Akteure und Formen der Gewalt

Ayala Martínez, Carlos de: Obispos, guerra santa y cruzada en los reinos de León y Castilla (s. XII), in: *Cristianos y Musulmanes en la Península Ibérica: la guerra, la frontera y la convivencia*, hg. von Ladero Quesada, Miguel Ángel, Ávila 2009, S. 219–256

Ayala Martínez, Carlos de: *Las Órdenes Militares hispánicas en la Edad Media: siglos XII–XV*, Madrid 2003

El cuerpo derrotado: cómo trataban musulmanes y cristianos a los enemigos vencidos, hg. von Fierro, Maribel/García Fitz, Francisco (Estudios árabes e islámicos 15), Madrid 2008

Fletcher, Richard A.: *The Quest for El Cid*, London 1989

Forey, A. J.: The Military Orders and the Spanish Reconquest in the Twelfth and Thirteenth Centuries, *Traditio. Studies in Ancient and Medieval History, Thought, and Religion* 40 (1984), S. 197–234

García Fitz, Francisco: Battle in the Medieval Iberian Peninsula: 11th to 13th century Castile-Leon. State of the Art?, *Imago Temporis* 10 (2016), S. 25–53

Jaspert, Nikolas: Frühformen der geistlichen Ritterorden und die Kreuzzugsbewegung auf der Iberischen Halbinsel, in: *Europa in der späten Salierzeit. Kolloquium zu Ehren von Werner Goez*, hg. von Herbers, Klaus, Stuttgart 2001, S. 91–117

War in the Iberian Peninsula, 700–1600, hg. von Garcia Fitz, Francisco/Gouveia Monteiro, João, New York 2018

Pragmatismus: Diplomatie und Bündnisse zwischen Muslimen und Christen

Haggi, ʿAbdarrahman ʿAli al: *Andalusian Diplomatic Relations with Western Europe during the Umayyad Period: A. H. 138–366/A. D. 755–976*, Beirut 1970

Jaspert, Nikolas: Interreligiöse Diplomatie im Mittelmeerraum. Die Krone Aragon und die islamische Welt im 13. und 14. Jahrhundert, in: *Aus der Frühzeit europäischer Diplomatie. Zum geistlichen und weltlichen Gesandtschaftswesen vom 12. bis zum 15. Jahrhundert*, hg. von Märtl, Claudia/Zey, Claudia, Zürich 2008, S. 151–190

Jaspert, Nikolas/Kolditz, Sebastian: Christlich-muslimische Außenbeziehungen im Mittelmeerraum: Zur räumlichen und religiösen Dimension mittelalterlicher Diplomatie, *Zeitschrift für Historische Forschung* 41 (2014), S. 1–88

Les relations diplomatiques entre le monde musulman et l'Occident latin: (XIIe – XVIe siècle), hg. von Aigle, Denise/Buresi, Pascal (Oriente moderno N. S. 88), Roma 2008

Liedl, Gottfried: *Zur Geschichte der spanisch-arabischen Renaissance in Granada, Bd. 2: Dokumente der Araber in Spanien*, Wien 1993

Melo Carrasco, Diego: *Compendio de cartas, tratados y noticias de paces y treguas entre Granada, Castilla y Aragón (siglos XIII–XV)*, Murcia 2016

Negociar en la Edad Media = Négocier au Moyen Âge, hg. von Ferrer i Mallol, Maria Teresa (Anuario de Estudios Medievales. Anejo 61), Barcelona 2005

Salicrú i Lluch, Roser: La diplomacia y las embajadas como expresión de los contactos interculturales entre cristianos y musulmanes en el Mediterráneo occidental durante la Baja Edad Media, *Estudios de Historia de España* 9 (2007), S. 77–106

Besiegte, Unterworfene, Untertanen: Muslime, Juden und Christen unter der Herrschaft Andersgläubiger

Burns, Robert I.: *Muslims, Christians, and Jews in the Crusader Kingdom of Valencia: Societies in Symbiosis*, Sydney 1984

Catlos, Brian A.: *The Victors and the Vanquished: Christians and Muslims of Catalonia and Aragon, 1050–1300* (Cambridge studies in medieval life and thought Ser. 4, 59), Cambridge 2004

Echevarría Arsuaga, Ana: *Biografías mudéjares o La experiencia de ser minoría: biografías islámicas en la España cristiana* (Estudios onomástico-biográficos de al-Andalus 15), Madrid 2008

Fierro, Maribel: *711–1616: de árabes a moriscos: una parte de la historia de España*, Córdoba 2012

García Sanjuan, Alejandro: *Coexistencia y conflictos: minorías religiosas en la Península ibérica durante la Edad Media*, Granada 2015

Hinojosa Montalvo, José: *Los mudéjares: la voz del Islam en la España cristiana*, 2 Bde., Teruel 2002

Integration – Segregation – Vertreibung: Religiöse Minderheiten und Randgruppen auf der Iberischen Halbinsel (7.–17. Jh.), hg. von Herbers, Klaus/Jaspert, Nikolas (Geschichte und Kultur der Iberischen Welt 8), Münster 2011

Mudéjares y moriscos, cambios sociales y culturales: Simposio Internacional de Mudejarismo, Teruel, 12–14 de septiembre de 2002, hg. vom Instituto de Estudios Turolenses, Teruel 2004

Ray, Jonathan: *The Sephardic Frontier: the «Reconquista» and the Jewish Community in Medieval Iberia*, Ithaca, N.Y. 2006

The Legal Status of Ḏimmī-s in the Islamic West: Second/Eighth-Ninth/Fifteenth Centuries, hg. von Fierro, Maribel/Tolan, John Victor (Religion and Law in Medieval Christian and Muslim Societies 1), Turnhout 2013

Von Mozarabern zu Mozarabismen: zur Vielfalt kultureller Ordnungen auf der mittelalterlichen Iberischen Halbinsel, hg. von Maser, Matthias/Herbers, Klaus/Ferrari, Michele C./Bobzin, Hartmut (Spanische Forschungen der Görresgesellschaft 41), Münster 2014

Migration, Besiedlung, Vertreibung

Repoblación y Reconquista: actas del III Curso de Cultura Medieval, Aguilar de Campóo, Palencia 1995

Coloniser au moyen âge, hg. von Balard, Michel/Ducellier, Alain, Paris 1995

Concha y Martínez, Ignacio de la: *La ‹presura›: la ocupación de tierras en los primeros siglos de la Reconquista* (Monografías de derecho español 3), Madrid 1949

Escudero Manzano, Gonzalo J.: La ‹despoblación› y ‹repoblación› del valle del Duero: la problemática de las fuentes y el debate historiográfico, *Estudios Medievales Hispánicos* 5 (2016), S. 151–172

Ferrer Navarro, Ramón: *Conquista y repoblación del Reino de Valencia*, Valencia 1999

Martínez Sopena, Pascual: Herederos, conquistadores y colonos. Sobre el imaginario de las fuentes castellano-leonesas de los siglos IX–XII, *Cuadernos del CEMYR (Centro de Estudios Medievales y Renacentistas)* 14 (2006), S. 79–110

Migrations et diasporas méditerranéennes (Xe-XVIe siècles), hg. von Balard, Michael/Ducellier, Alain, Paris 2002

Ruíz de la Peña Solar, Ignacio: Las colonizaciones francas en las rutas castellano-leonesas del Camino de Santiago, in: *Las peregrinaciones a Santiago de Compostela y San Salvador de Oviedo en la Edad Media*, hg. von de la Peña Solar, Ignacio Ruíz, Oviedo 1993, S. 283–312

Ruiz Gómez, Francisco: *Los orígenes de las órdenes militares y la repoblación de los territorios de La Mancha (1150–1250)* (Biblioteca de historia 54), Madrid 2003

Udina Abelló, Antoni Maria: L'aprisió i el problema del repoblament, in: *Symposium Internacional sobre els Orígens de Catalunya: (segles VIII–XI), Bd. 1* (Memorias de la Real Academia de Buenas Letras de Barcelona 23), Barcelona 1991, S. 159–170

Iberisches Ende und amerikanische Anfänge (1481–ca. 1550)

Edwards, John: Reconquista and Crusading in Fifteenth-Century Spain, in: *Crusading in the Fifteenth Century: Message and Impact*, hg. von Housley, Norman, Basingstoke 2004, S. 163–181, 235–237

Fernández Armesto, Felipe: *Before Columbus: Exploration and Colonisation from the Mediterranean to the Atlantic 1229–1492*, Basingstoke 1987

Fernández-Armesto, Felipe: *The Canary Islands after the Conquest: The Making of a Colonial Society in the Early Sixteenth Century*, Oxford 1982

Fonseca, Luís Adão da: *Os descobrimentos e a formação do oceano Atlântico: seculo XIV – seculo XVI*, Lisabon 1999

From al-Andalus to the Americas (13th–17th c.): Destruction and Construction of Societies, hg. von Glick, Thomas F./Malpica Cuello, Antonio/Retamero, Felix/Torró Abad, Josep (The Medieval and Early Modern Iberian World 65), Boston 2018

Gschwendtner, Ferdinand: Reconquista und Conquista: Kastilien und der Ausgriff nach Amerika, in: *Vom Mittelmeer bis zum Atlantik: die mittelalterlichen Anfänge der europäischen Expansion*, hg. von Feldbauer, Peter/Liedl, Gottfried/Morrissey, John (Querschnitte 6), Wien 2001, S. 189–210

La guerra de Granada en su contexto internacional, hg. von Baloup, Daniel/González Arévalo, Raúl (Croisades tardives 5), Toulouse 2017

Ladero Quesada, Miguel Angel: *La guerra de Granada, 1482–1491* (Los libros de la estrella 4), Granada 2001

O'Callaghan, Joseph F.: *The Last Crusade in the West: Castile and the Conquest of Granada* (Middle Ages series), Philadelphia 2014

Peinado Santaella, Rafael G.: *Guerra santa, cruzada y yihad en Andalucía y el reino de Granada (siglos XIII–XV)*, Granada 2017

The Legacy of Muslim Spain, hg. von Jayyusi, Salma Khadra, 2 Bde., Leiden 1994

Unali, Anna: *Ceuta 1415: alle origini dell'espansione europea in Africa* (Biblioteca di cultura 591), Roma 2000

Register

Die Jahreszahlen in den Klammern geben das Sterbejahr an.